ふたたび歩き出すとき　東京の台所

大平一枝

毎日新聞出版

生活の楽屋——はじめに

市井《しせい》の人の台所を訪ね歩く連載を長らく続けている。数年目から、「再婚しました」「会社を辞め、自分の店を開きました」「大病を経て元気になりました」といったメールを、ぽつぽつといただくようになった。

あの方はその後どうしていらっしゃるかなと考えることも増えた。

本書の元となる連載『東京の台所』（朝日新聞デジタルマガジン『&w』）は、料理をまったくしない人もいれば、今まさに立ち止まり、悩んでいる最中という人も多く登場する。基本的には自薦の応募制で、動機に「どうしても料理が好きになれない」「子どもが不登校で悩んでいる」などと率直に綴《つづ》られていると、むしろ話を聞きに行きたくなる。きれいで広くて、料理が得意な素敵な人の台所は、他のメディアにたくさん掲載されている。それ以上に、もがき苦しむ試行錯誤の道程にこそ、普遍的なたくさんの学びがあるかもしれないと思うからだ。

台所は楽屋に似ている。準備をした人を舞台に送り出したり、お疲れ様と迎え入れたり。いったんきれいになるけれど、次の舞台が始まればまた誰かが散らかす。ほっとして、取り繕《つくろ》う必要のない、使い手の素が出る場所。だから、素敵でなくていい。自分が心地よければ、どんなかたちでも。

そんな、できるだけ生々しい――と言ってもほとんどの方が取材前に片付けてくださるのだが――暮らしの営みの現場を訪ね歩くと、自然にその先の人生も気になってしまうのである。

いつも感じるのは、前著『それでも食べて生きてゆく　東京の台所』（毎日新聞出版）でも記しているが、何も失っていない人などいないというただ一点の真実である。

人は大小の喪失を経験しながら、それでも生きてゆく。立ち止まったり、振り返ったり、気づいたり、悔いたり。乗り越えられそうにもない山を前に揺れながら、どうにかこうにか自分に折り合いをつけて明日に向かう。

『東京の台所』『男と女の台所』（平凡社）、『それでも食べて生きてゆく　東京の台所』に続く本書では、再び歩き出す人たちの台所を追った。

転居、転職、家族との関係の紡ぎ直し。大小さまざまなリスタートがある。なかには三、四カ月に一度、五年にわたって継続取材をさせてもらった人（二一二頁）もいる。我がことながら、まったくもって終わりのない仕事である。

人は生きている限り、どんな人にもそのときどきの物語があり、思考の変化がある。台所で作る料理も頼る道具も、年齢やライフスタイルや時代によって変わりゆく。だから、この生活の楽屋を起点に書き留めたいのである。再び歩き出した人たちの飾らない眩《まぶ》しさを。

生活の楽屋――はじめに　1

Ⅰ　それでも暮らしは続く
ふたつの転機に咲く　8
夫婦は「気を使う」のではなく「気にかける」　20
父と娘の船　30
孤独な学生生活。忘れられない夏　40
特攻隊の基地にて　50

取材一三年記　60

Ⅱ　転居と人生
最後の夢を支える古い台所　68
〝ふわん〟の原風景　80
祖父の米とだまこ鍋　88
料理の記憶がない一〇年を経て　96
賃貸大改造。原点は転勤先の孤独感　102

祖父母の愛したオーブンで今日もケーキを 110
［沖縄の台所］
①市場に毎日通勤する九一歳 118
②「東京以外」を選んだ二三歳の冷蔵庫 126

Ⅲ 社会とつながる

結婚と残業 136
教員の、台所に立てる日立てない日 144
紛争地域の心をつなぐ料理 152
喪失を癒やす料理教室 160

台所の今、台所の声 174

Ⅳ 家族のかたち

主《あるじ》が留守の隙に 182
「卒婚っていい言葉だなと思う」 190

はじまりの場所　198
家族の肖像　212
拠りどころと祈り――おわりに　226

■本書の写真のうち、カバー（表）、本文11〜48、63、80〜113、137〜157、183〜195ページは本城直季、それ以外は著者が撮影しました。
■年齢・職業・居住エリア等住人プロフィールに関わる情報は、すべて取材時のものです。「X」は、取材当時に即した表記とし、「ツイッター」のまま使用している作品もあります。
■本文中の氏名には仮名も含まれます。

I

それでも暮らしは続く

〔会社員・38歳（女性）・賃貸戸建て・2LDK・京王井の頭線・富士見ヶ丘駅・杉並区。入居5年・築年数38年。夫（カメラマン・38歳）と長女（4歳）との3人暮らし〕

ふたつの転機に咲く

従業員六〇人を抱える実家のスーパーは、北海道のその街では古くから知られた存在だった。彼女は高校卒業から四年間、家業を手伝った。

「当時は嫌でしょうがなかったですね。どこへ行っても名前を言うだけでわかってしまう。いちばんこたえたのは夏休みです。都会に出た同級生が帰省して、あか抜けた格好でうちの店に買い物に来る。私は地味な格好でレジを打って。若者が少ない小さな町だったので、札幌か東京に出たいと、ずっと思っていました」

姉は高校から寮生活で別れて暮らし、大学卒業後は東京で過ごした。妹の彼女はなぜ故郷に残ったのだろう。

「中高時代は、やさぐれて人に流されやすい性格だったので、両親から、あなたみたいな子は都会に出てもフラフラ流されて幸せになれない。こっちにいるほうが幸せだよと言われ続けました。高校卒業後の就職先は実家と初めから決まっていて、嫌なのに説得することもできない、やりたいこともわからない、そんな自分の芯のなさに何もかもあきらめてしまっていました」

やさぐれて、という言葉の向こうに、自分はどう生きるべきか、姉や家族との葛藤と長い逡巡の日々が透けてみえる。

「実家で働き始めてすぐ、やっぱりお金を貯めて上京しようと。四年間資金を貯め、東京の友達の家に転がり込もうと、こっそり荷物を送っていたときに、空っぽのクローゼットを見た母にばれてしまったのです」

腹をくくり、東京で働きながら自分の道を見つけたいと正直に伝えた。今しかない、と。東京で働いてある程度納得したら、実家に帰り再び両親を支えなければという気持ちもどこかにあったが、口にはしなかった。とにかく今は実家を出たい。その一心だった。

泣きながら気持ちを吐露する彼女の話をじっと聞いていた母は、静かに言った。

「住所と連絡先を教えなさい。お友だちの家にお世話になるなら、ご両親にもごあいさつしないと。そして、行くなら家族に見送られて堂々と行きなさい」

叱るどころか、大学に行かせてあげてないからと、両親は上京の支度金までもたせた。

「黙って出ていくしかない、どうせわかってくれない、実家に縛られているから自由に生きられないと思いこんでいましたが、自分の何者にもなれないという不安や怖さで、両親から離れることができなかった。自分で自分を縛っていたんですね」

かくして二二歳で上京。アパレル業界に飛び込み、ＶＭＤという内装やディスプレーを担う仕事に就いて、こつこつと経験を積んでいく。

珍しい調味料が次々と

仕事で知り合ったカメラマンの男性と三四歳で結婚。世田谷の住宅地に古家を借り、やがて一児の母になった。

家には縁側があり、台所の流し台の背面には、昔ながらの木造造り付け収納が配置されている。吊り戸棚の扉を開けると、油や酢、ポン酢、たれなど調味料のボトルがズラリと並んでいた。国産有機栽培米で作った福井の純米酢、愛知の三河みりん、和歌山のさんばい酢。どれも全国各地で丁寧に作られたこだわりの食品ばかりである。

半間の収納棚には、千葉の海藻専門店で製造されている長ひじきや丹波《たんば》篠山《ささやま》の有機農場で作られているハバネロ入りの胡麻辣醤《ごまラージャン》など珍しい食材やスパイスが。

ほとんどが実家のスーパーをきりもりする姉夫婦に教えてもらったり、父から送られてき

ふたつの転機に咲く

たりしたものだ。父はいつも、あれはあるかこれはいるかと電話をよこす。

家業に就いた姉は、創業九〇年余ながら安売りや業務用スーパーに押され、厳しい経営を強いられていた父に、食材や調味料の質にこだわるよう提案。できるだけ昔ながらの製法や原材料にこだわった全国各地の逸品を取り寄せて並べる、個性的なスーパーに方向転換を促した。

「姉は帰郷した際に、店だけでなく街全体が活気を失っていたことにショックを受けていました。にぎやかだった商店街は人もまばらで活気がない。外食するにも店もない。安さよりも、食のおいしさや楽しさを地域に届けて元気にしたいという気持ちから発案したようです」

両親は同意し、とりわけ母は高齢の客のために、総菜にも力を入れようとアイデアを出す。

「うちの店はお年寄りが多く、昔から毎日来てくださるおばあちゃんもいるから、年金の日はすごく混むんです。母は〝最近見ないけどあの人元気？〟〝あの方が病気で寝込んでいる〟というような店頭での会話を気にしていました。お年寄りの健康を守りたい。でもひとりでは多品目作れない。だから少量パックの総菜を充実させたり、総菜の調味料や揚げ物の油までこだわって作るようになりました」

姉の仕入れた旬の食材を使った母の総菜の味は人気を呼び、いまや行列ができるほどに。

「母は研究熱心で料理上手。この間も、姉が九州のこだわりのさつまいもを仕入れたら、さっそく〝土佐の芋天〟を作ってお客さんから喜ばれていました。高知のレシピだそうです」

ある日、母が上京し、ひとり暮らしの彼女の家に泊まった。そして、ご飯を作りながら不意につぶやいた。

「東京が楽しいみたいね。思ったように頑張ってみなさい。うちのことはもういいよ」

ああ、もう帰らなくていいんだ。初めて楽になったと彼女は述懐する。

手元に、一冊のノートがある。

醬油や油じみだらけの手書きのそれは、「いつか家を出ると決めていたので、ひとりでも母の料理を再現できるようずっと横で書き留めていた」というレシピノートだ。

反発しながらも母の味が、昔も今もずっと彼女の食を支えている。

勉強ができて聞き分けのよい姉について、かつては「母親がふたりいるようでうっとうしい」と思っていた。今は、夫婦で四代目を継ぎ、店と街の発展のために尽力している姿に尊敬と感謝しかない。せめてモニターとして役に立ちたいと、新しい食品の率直な感想を姉に伝えている。

仕事の場面でも、意外な気づきがあった。

「スーパーでいやいやお菓子を陳列していた経験は今、洋服や雑貨、コスメなどディスプレーやレイアウトを企画するVMD（ビジュアルマーチャンダイジング）という職種に生かされています。あれも必要な時間だったんですよね」

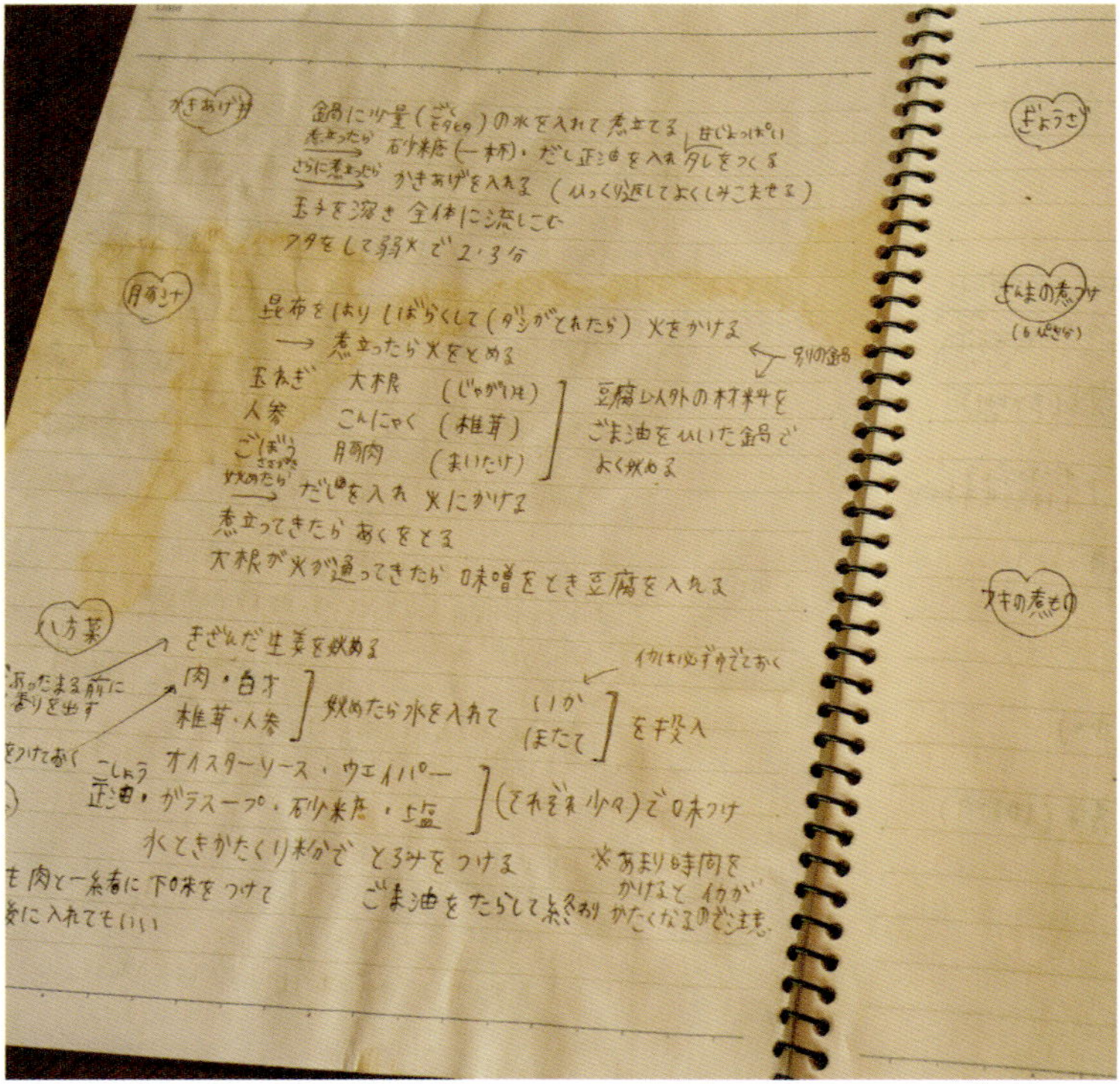
かきあげ丼
鍋に少量（ごく少々）の水を入れて煮立てる
煮立ったら 砂糖（一杯）・だし正油を入れ タレをつくる 甘じょっぱい
さらに煮立ったら かきあげを入れる（ひっくり返してよくしみこませる）
玉子を溶き 全体に流しこむ
フタをして弱火で2・3分
昆布をはり しばらくして（ダシがでれたら）火をかける
→ 煮立ったら火をとめる
別の鍋
玉ねぎ 大根 （じゃがいも）
人参 こんにゃく （椎茸）
ごぼう ささがき 豚肉 （まいたけ）
豆腐以外の材料を ごま油をひいた鍋で よく炒める
炒めたら だしを入れ 火にかける
煮立ってきたら あくをとる
大根が火が通ってきたら 味噌をとき豆腐を入れる
八方菜
きざんだ生姜を炒める
肉・白才
椎茸・人参
炒めたら水を入れて
いか
ほたて
を投入
イカは必ずゆでておく
オイスターソース・ウエイパー
こしょう
正油・ガラスープ・砂糖・塩
（それぞれ少々）で味つけ
水ときかたくり粉で とろみをつける
ごま油をたらして終わり
※あまり時間をかけると イカがかたくなるので注意
ぎょうざ
さんまの煮つけ
フキの煮もの

近くにいると見えなくて、離れるとわかる。家族は不思議だ。

「子どもじゃなくもっと自分の人生を考えたら?」

〈自分でセレクトした食品と雑貨の店を近所に開きました、よかったら遊びに来てくださ
い〉

右記の取材から一年後、彼女から突然メールが届いた。

乳児を抱えながら正社員としてやりがいを持って働いていると思っていたので、驚きの気持ちと、この地に根を下ろし、次の挑戦を始めたんだなという静かな感慨が半々に混じりあう。しかし、なかなか立ち寄る機会がないまま時が過ぎた。

二〇二四年。「再び歩き出す人たち」を本書のテーマに据えたとき、彼女の顔が浮かんだ。親に黙って荷物をまとめ北海道を出ようとした日が、自分の道を歩き出す一度目とすれば、この決断は、再びと呼ぶのにふさわしいのではないか。

「いらっしゃいませ」と穏やかな笑みで出迎えた彼女に、はっと惹きつけられるものがあった。落ち着いたまなざし、各地から取り寄せた調味料やお茶やジャムを説明するときの自信に満ちた表情。開店二年というが、もっと前からここで営んでいたかのように、洗練された空間が彼女に馴染《なじ》んでいる。

元子ども服店兼事務所の古いビルの一画を、フルリノベーション。暗くて狭かったので、通りに面した開口部を広く開け、ガラス戸を特注。床板を外し、レジの木製カウンターにもこだわったという。

開店のきっかけは、自分でも予想外のできごとだったらしい。

「ディスプレイの仕事は天職だと感じていましたが、店舗終業後の作業もあり、勤務時間が不規則で。育児と仕事と、どちらもやりきれていないようなフラストレーションが溜まっていました。働き方を変えたいと思いつつも、ふたり目を考えるならこのまま収入の安定した会社員でいるべきだろう。でもどうしようと悩んで夫に相談しました」

ところが、夫は思いがけない言葉を返してきた。

「せっかく授乳も終わって、自分の時間が持てるようになってきたんだから、まずは自分の人生、やりたいことをいちばんに考えたら。そのあとに子どものことは考えたらいいんじゃない？」

衝撃とともに、僅かな苛立ちも感じた。産むのも自分。現実的に育児に多くの時間を担うのも自分。子どもがいながら新しいことなんて、そう簡単にできるはずがないでしょう、と。

「夫はそれ以上は何も言わず、海に放り出されたような気持ちになりました。ちょっと、寂しくもありましたね」

と、数日後、仕事中に夫からメールがきた。

〈この物件、空《あ》いているみたいだよ〉

自宅からほど近い場所の道路沿いの、空き店舗の不動産情報だった。

自分は何をしたいのか、どう生きたいのか。あれから自問自答を繰り返していた。まだ何も固まっていないが、好奇心が勝った。

「夫と内見に行くと、思ったより賃料が安い。何かわからないけれど、ここなら何かできそうだ、だれかに譲るのはもったいないと思いました」

しかし、いざとなると、眠れないほど悩み、心が揺れた。

自分に何ができるのか。本当にやれるか。この選択は、会社員の今より、家族を幸せにできるのか。

「きっと昔の自分だったら、ここで両親に相談していたと思います。でも自分の決心が固まってから、報告しました。私がもともと使ってきた、体に良い、次世代に残したいと願っている調味料や食品の店をやることにしたよと」

父は心配した。

「東京はそんな店がいっぱいあるのに大丈夫か」

実家で使っていたような、自分が欲しい調味料は渋谷まで買いに行くしかない。同じように困っていた人がほかにもいるはずだという想いを明かした。

あなたはこうだから北海道にいなさい、女はこう、家族はこうと言われるなかで育った。

親の結論が先にあり、かつてはそのまま受け入れていた。

だが両親は、地域の健康を守りたいという家業にも通じる彼女の決断を、心から喜んだ。

彼女は、あらためて気づく。――自分で決断し、自信を持ってやりたいことをまっすぐ話せば、家族は理解してくれる。

「東京に行くなら堂々と行きなさい」と見送られた二二歳のあのときのように。


賃貸契約後も、店の全ては夫にも相談せず自分ひとりで決めた。

「枠を作っていたのは自分自身なんですね。お店はこうでなければとか、母親はこうでなければ、会社員が安心で子どもはふたりでなくてはとか。私は初めてこのお店のお陰で、親にも夫にも頼らず、すべて自分で決める練習ができた。自分の作ったものさしから自分を解放できたのです」

彼女と同様に食にこだわりと関心が高い顧客が少しずつ増えている。作り手や取引先もこつこつコミュニケーションを取って拡げながら、納得する品を揃えるまだ道の途中だ。

「三年前、『東京の台所』の記事を読んだとき、私って自信がなかったんだなあ、人のせいにしていたなあと気づいたんですよね」

店で出迎えられたときにはっと目を奪われたのは、信念に満ち、凜然とした美しさが彼女から発光しているからだとわかった。

〔自営業・59歳（女性）・分譲マンション・3LDK・京王線・国領駅・狛江市。入居24年・築年数24年。夫（自営業・59歳）とのふたり暮らし〕

夫婦は「気を使う」のではなく「気にかける」

取材を始めて一三年目の夏、三〇一軒目となったのは、中学時代から付き合い始め、二一歳で結婚した同級生夫婦の台所である。

ふだんの料理は、元シェフの夫が担当。一緒に作る土日も、妻は「助手に徹しています」。一九年前に妻の実家の事業を継いで以来、ふたりで自営の会社に通っている。つまり、車通勤も含めて朝から晩まで行動が一緒だ。

にもかかわらず、見るからに仲睦まじい。にこにこと楽しそうに、台所に関するアンケートについて相談をしたり、夫が台所の撮影を覗きに来たり。

「仕事から帰宅するのがだいたい夜八時で、疲れていても、彼がささっと作ります。冷蔵庫にあるもので、名前のない料理なんだけど。それがどれもすごくおいしいんですよね」

たとえば昨夜は、焼き魚、ご飯、味噌汁とともに、ぱっと手早くきゅうりとちくわのあえものを作った。ちくわもきゅうりも彼女の好物だ。夫は言う。

「書くほどでもない、なんてことない料理ばっかりです。でもいつも、〝ありがとう〟って言ってくれるんでね」

半世紀近い付き合いで、なんとも言えないこの丸い空気はどこからくるんだろう。

団地から新築へ。急な引っ越しの理由

結婚当時、シェフの見習いだった夫の給料は八万円。パート勤めの妻と足しても家計は苦しく、家賃一四四〇〇円の調布の団地に住んだ。

高度経済成長期に建てられた、古い団地暮らしについて彼女は。

「狭いなりに工夫して料理をしていました。シューマイ、春巻き、ギョーザ、豚汁、おでん。夏は暑くて汗をダラダラかきながら。ただ、三歳違いで長男、次男が生まれ、手狭になってきたのと、線路が近くてうるさいので、一〇年目ころからマンションのチラシを見てはいました」

引っ越しは、突然決まった。

八歳の次男が「引っ越したい」と言い出したからだ。

「その年の三月、次男に脳腫瘍がわかりまして。その彼が〝引っ越したい〟と私の父に漏らしたそうなんです」

孫のつぶやきを聞いた父は、夫妻にその事を話した。病状の重さを知っていたふたりは、急いで現在の分譲マンションに決めた。

「息子の願いを叶えたくて。でも一四年住み慣れた団地と離れるのは悩みました。息子の病状や、自分も息子のことを受け止めるのにいっぱいいっぱいで、余裕がないなか決断してもいいものかと……」

現在の住まいは、食卓から緑が見え、南から北に風が通り抜ける。採光にも恵まれている。カウンター付きの台所も、コンパクトにまとまっていて、使いやすい。越してきたときは新築で、中庭を挟んだマンション全体が、すがすがしい空気に満ちていて惹かれたという。

「息子に導かれたんですねえきっと。風が通って本当に気持ちの良いマンションで、引っ越してよかったなと今もしみじみ思います」

次男がなぜ越したいと言ったのか、真意はわからない。すでに病状が急速に進み、喋りづらく、薬で顔がむくんでいた。だが、「快適だー！」と不自由な足で新居の中をふらふらとしながらも、嬉しそうに歩き回っていた。食欲が落ちかけていたが、越してすぐ「お肉を食べたい」と言い、好物の梨を平らげた。

長男、夫と四人ですき焼きを囲んだ翌月に入院。秋に息を引き取った。脳腫瘍がわかってから九カ月後のことであった。

「それから二四年になりますが、長い間、心のなかに鉄の扉があって、思いを閉まっていました。一回開けてしまうと涙が止まらなくなって、仕事どころか日常生活も送れなくなるので」

じつは息子の病気がわかってから、心のコントロールを失い、心身症と診断された。亡くなったあとも、心の扉を閉め、「私は大丈夫よと装ってやってきた」。回数は減ったが今も通院している。

妻のための味噌汁

長男は、弟を失った小六から中学卒業まで、毎朝夫といっしょに登校した。そこでたくさんの会話を交わし、祖父母や親族、友達など周囲に恵まれて育った。

「できないこと、我慢したこともいっぱいあったと思いますが、なんとか健《すこ》やかに育ってくれ、結婚して巣立ちました。家族三人のお弁当は私の担当でしたが、それを機に引退。我が家の料理は、ますます夫中心にシフトしています」

夫は毎晩、必ず味噌汁を作る。使うのは善光寺味噌と決めているが、だしは茅乃舎《かやのや》か、ほんだしでとる簡単なものだ。「これが、なんともいえないしみじみとしたおいしさなんです」と、彼女は目を細める。

ふたりとも下戸《げこ》で、米が好き。食材は生活クラブの店舗、デポーで購入する。仕事で従業員を抱えているので、コロナ禍以降、あらゆる付き合いを断り、食事は自宅でとっている。

「うちに帰って、ふたりで食べるのがいちばんほっとする時間だーって、よく夫が言います」

その彼は、料理の道から身を引いて感じた変化をこう語る。

「もともと料理は好きで入った世界ですが、修行時代はレシピにしばられ、少しでもレシピ通りの形と味がでなければ、すべて先輩にゴミ箱に捨てられた。そういう時代を経て、今は大切な家族のためだけに作る喜びを実感しています」

「夫は、〝気を使う〟のではなく、いつも私や家族のことを〝気にかけている〟人。いちばん身近な存在だからこそ、そうするんだなって思います」

家族だからこそ気にかける。五九歳の台所の丸い空気の秘密はきっとそれだ。

しかし私は、最後に愚かな質問をして、猛烈に恥じた。

過去からの学びについて問いかけたときのことである。彼女は自分を責めるような困惑の表情で、静かに言葉を並べた。

「次男のことがあったから、自分は後悔がないように生きようとか、あの子の分まで精いっぱい生きようとか、人に対して優しくなろうと、なかなか思えないんです。悲しみを原動力にいろいろな活動をされている方々の記事を目にすると、自分にはどうしてそういう気力や思考の深さがないのだろうと考えてしまいます。全然成長がない。学びも悲しいという実感も、感じとれない。なんででしょうね。息子は今も隣で手をつないで一緒に歩いているような感じ。……いえ、やっぱり、体温を感じたい。本当はやっぱりずっと感じていたいです」

取材三〇〇回など、なんの経験になろう。彼女の心は今も次男と共にある。大切な人の喪失は乗り越えるようなものでも、何かを学び取って成長するようなものでもない。二四年経た今もいつもそばに感じている。抱きしめたい、体温を感じたいと思いながら、日々を刻んでいる。そんなことさえ知らなかったのだから。

ある衝撃

取材から三カ月後、本作に掲載するため許可の連絡をとると、こんな返信がきた。「あれからどうしてもお伝えしたいと思うことができました」。

何の話だろう。こわごわ電話をかけると、明るく落ち着いた彼女の声が聞こえ、どうかご気分を悪くされないで聞いてほしいのですが、と語りだした。

「ネットに上がった我が家の記事を読んで、ショックだったのです。私はこんなに過去に囚

夫婦は「気を使う」のではなく「気にかける」

われていたのか、と。書いてあることは全部本当の私。だからこそ衝撃でした。今まで息子のことは夫以外誰にも話さず、外側から自分を俯瞰《ふかん》することが初めてだったので」

そして心の底から強く思った。

あと数カ月で六〇歳になる。今のままじゃだめだ、自分から何かを起こそう、前を見て変わろう。

自分を深く見つめることから始めるコーチングに通い出した。さまざまな事情や想いを抱えた仲間と学ぶなかで、少しずつ心が外に開いていくのを感じた。

ある休日の昼下がり、自宅の食卓からベランダ越しに外を眺めていた。次男の声がした。

「お母さん、もう手を離すよ。でも僕はずっと隣りにいるから。応援しているよ」

こんな話、スピリチュアルっぽくて変ですよねと自嘲する。いいえ、そんなことは思いません、息子さんのこと聞かせてください。

「九歳だった次男は、立派なおとなになっていました」

長い間、泣かずにきたが、そのときは涙が枯れるまで泣いた。薄い霧が晴れるような思いがする。すぐに夫に電話で報告をした。慈しみ深い心の底からのひと言が返ってきた。

「よかったね」

喪失の意味を探すのではなく、ともに生きた時間を誇りに、今ある生から何を学ぶのか。懸命に生きる三〇一軒目のその後の物語に、大切な光をもらった。

夫婦は「気を使う」のではなく「気にかける」

〔会社員・52歳（男性）・賃貸マンション・2LDK・西武池袋線・椎名町駅・豊島区。入居4年・築年数44年。長女（14歳）とのふたり暮らし〕

父と娘の船

一〇カ月前に妻を亡くしてから、中二の娘とふたり暮らしだ。

「僕はもともと料理は好きなんですが、妻も料理好きで、結婚してからは彼女任せ。たまに酒のつまみを作る程度だったのが、急に娘と三食毎日になってしまったので、大変で。ようやく最近、このリズムにも慣れてきたところです」

オムライス、ミートソースなどの定番から、そば粉で作るガレットやピザまで。娘のリクエストに合わせて作った、色とりどりの美しい料理がずらりとiPadに並んでいた。

「父子家庭になった僕を心配してくれる友達に、〝大丈夫だよ、ちゃんと作って食べてるよ〟と伝えるため、ツイッターに載せています。最初は、もっとインスタントやコンビニ飯に頼るかと思ってたけど、案外作れているなっていうのが実感です」

毎日三食には、わけがある。

娘が不登校で、昼も家にいるからだ。

乳がんを患った妻は、亡くなる一ヵ月前まで抗がん剤を使いながら、医療事務や、保育団体のデータベース作りの手伝いを続けた。

「末期がんでここまで元気なのは、珍しいタイプだそうです。緩和ケアに入ってから、亡くなるまでは二週間でした。普通はもっと意識が混濁してくるそうですが、最後までしっかりしていた。あと二週間とわかっていたら、もっと友達に会ってもらいたかったなと思います」

九年前、がんがわかってから毎年クリスマスが来るたびに、「来年はないかもしれない」と、口には出さないが互いに感じていた。

「今は、カミさんが〝いない〟ということには慣れました。でも〝亡くなった〟とは、まだ考えられない」

淡々と語る。ダイニングの一角には無印良品のボックスを使った手作り感あふれる仏壇があった。「いいデザインの仏壇がないですし、家が狭いので。今はこれで十分です」。

リビングのドアに、色とりどりの付箋《ふせん》が貼ってある。散骨計画、喪中はがき、娘の担任名と連絡先……。

「亡くなると、儀礼のことや銀行の手続きや、やらなきゃいけないことが山のようにあって。学校のことも何もわからなかったから。こうして色分けして、タスク管理してるんです。これでも、メモが減ってきたほうなんですよ」

悲しみと向き合っている時間はない。夫としてのタスクが次から次へとのしかかる。もちろん、工業デザイナーとしての会社の業務も待っている。

今はいないのだという事実に慣れるようにして、どうにかこうにか一〇カ月を切り抜けてきた彼の精一杯が伝わる。

「ただ、なんというか、少しほっとしている部分もあるんです」

意外な言葉をつぶやく。

「学校に行けない娘と、自分が生きているうちに娘をなんとかしてあげたい一心のカミさんとの間で、僕はずっと板挟みだった。娘がカミさんに責められて、苦しそうなのを見ているので……」

妻のがんの転移とステージ4への進行がわかってからしばらくして、娘は小学校でいじめに遭い、転校のため今の家に越した。

発達障害の診断も受けていた娘は、新しい小学校には通えたものの、中一の途中から行けなくなった。

すると妻は、ものすごいスピードと行動力で、カウンセリング機関や病院、進学先などを

父と娘の船

調べ始めた。

「自分には時間がないと、焦りが強かったんでしょうね。娘にとっては、それがプレッシャーだった。不登校って、どこで線を引くのか、どこまで許すのかが、とても難しいんです。部活だけ参加を良しとするのか。保健室登校ならいいのか。家庭だけで勉強をさせるのか。選択肢が無限にあるから」

それまでは二人三脚で娘の問題を共有している意識があったが、「教育相談やメンタルクリニック、家庭教師、フリースクールなど、いろんな情報をわーっと調べて相談に行くので、だんだん僕がついていけなくなったんです。で、そこまでやるなら、いったんおまかせするよ、となった」。

妻が見つけてきたフリースクールに通うようになったが、やはり行きたくない日もある。泣き叫ぶ娘と、ときに声を張り上げ悲憤し、取り乱してしまう妻。

「妻の娘に対する愛情もわかるし、動きたいけど動けない娘の気持ちもわかる。どっちの話も聞くけど、どっちもどっちだよねと言うことしかできなかった。妻は、あとから〝やっちゃった〟と、よく落ち込んでいました。僕は〝まあ、しょうがないよね〟と慰めました」

娘を残して逝く母の、愛情から生まれる焦り。きっと、娘も頭ではわかっていたはずだ。だが、感情がついていけない。

多かれ少なかれ、思春期の誰にでもある葛藤に、母のがんという病気が重なった日々は、想像するだけでも一三、一四歳の肩には重すぎる。

酒をやめたわけ

亡くなる前の二週間をのぞいて、妻が料理を作り続けた。重いものを持てないので、生協や通販を「使いまくってた」。

ものすごく疲れていると、「今日は何もしません」宣言がある。

なんでもない煮物や、ありあわせの食材で作る料理がとびきりうまかった。

彼女が息を引き取ってから、毎日三回ふたり分の料理が始まる。折しもコロナ禍で、彼の仕事も完全リモートワークになっていた。

野菜を食べたがらないので、「いかに娘の好きなものに、野菜を混ぜ込むか」が、第一のテーマだ。

食材は買い込まない。次の日に食べたいものを食材に縛られるのがいやなので、毎日スーパーに寄る。一日で使い切るのが、第二のテーマだ。

三つ目は、朝、おいしい野菜スープを必ず食べさせること。

昼は仕事で忙しいので、レトルトを使用。夜や休日は、野菜を混ぜ込んだ料理を張り切る。

「娘のリクエストに応えながら、その日その日で作っては食べ、食べては作る。娘がいなかったら、危なかったと思う」

――どういうことですか。

問いかけに、それまで淡々と話していた彼が、一瞬言いよどむ。

「妻が亡くなったということを考えようとするのは、踏切で電車に飛び込むことと同じくらい怖い。コロナで会社の仲間とも誰とも接点がなく、娘とだけ向き合っていると、疲れてイライラすることもあります。妻が亡くなってから酒量が徐々に増えていて、自分でも恐ろしくなりました。もし娘に手を上げても、誰にもわからない。このまま飲んで、自分の機嫌も体調も悪いときに、娘がいらつくことを言ったら。一回でも娘に手を上げてしまったら、DVの歯止めがきかなくなる。それで、怖くなって酒を一切やめたのです」

たしかに、酒に溺れて娘に手を上げても、誰にも気づかれない。必死で巣作りをしている彼と、思うように心や体が動かず、集団からはぐれてしまった娘が営む2LDKの部屋が、社会のどこにも属さず、ぷかりと浮かぶ離れ小島のように思えた。

「最初は、特別編のコラムに目が留まって応募しましたが、僕は誰かと話したかったんだな、とあとから気づきました」

生理用品や洋服、婦人科検診など、男親ゆえに踏み込みにくい領域もある。娘は簡単な買い物ならできるが、気持ちが不安定で、遠方や順序だてた買い物の外出は、目が離せない状況だ。

ミートソースです.
温めてたべる時
ケチャップで味を
ととのえてね.
オニオン
スープのもと‥
牛乳でうすめて.
コンソメで味を
ととのえて下さい

父と娘の船

だが彼女は、父を一度も拒否したことはない。口げんかをしても、すぐにけろっとした表情で仲直りをしてくる。私たちの取材の帰り際には、二階から急いで降りてきて、父の後ろで「ありがとうございました」と、はにかんだ笑顔でぴょこんと頭を下げた。

あるとき、夕食後にアイスを食べていると、彼女は父にこう言ったそうだ。

「親がひとりしかいないから、私から仲良くしないと」

「彼女は彼女なりに、いろいろわかっている。しっかり考えなきゃいけないと、どんどん変化している最中です」

コロナでなかったら、同僚に愚痴のひとつもこぼしたかもしれない。他人が何をできなくとも、話すだけでほんの少しは心の荷物が軽くなるだろう。

先日、久々の出社で同僚にさらっと、娘のことを話した。すると、「じつは、うちも不登校なんだ」。

一〇年来の知人だが、何も知らなかった。

また別の日。旧友ふたりと会った。

「じつはと、妻や娘のことを話したら、ひとりは不登校で、もうひとりはおしどり夫婦だと思っていたんだけど、離婚して今は子どもに会えない状態なんだと。男は、なかなか人に家のことや子どものことは言わないけれど、みんな、知らないだけで、いろいろ抱えて生きてるんですよね」

冷凍庫には、ミートソースやオニオンスープを濃いめに煮込んだ小袋があった。お義兄さんが困っているだろうから、と、妻の故郷北海道から、義妹が作って送ってくれたものだ。

「僕が気づけない娘の下着や服なんかも入っていて、ものすごく助かっています」

生真面目で一生懸命な人ほど難しいだろうが、周囲に甘えたり、吐き出したりすることはきっと有効だ。

娘は父に支えられている。彼は誰に支えられているんだろう。母が亡くなった翌週、悲しみに暮れる父のためにバレンタインチョコを作り、けんかしてもすぐ仲直りをしてくる娘か。

今日も彼はご飯を作る。ときには娘のためではなく、自分が食べたいものを、自分のために作って欲しいと思った。

〔会社員・23歳（女性）・賃貸マンション・2K・京王線・武蔵野台駅・府中市。入居1年・築年数20年。ひとり暮らし〕

孤独な学生生活。忘れられない夏

新卒で働きだしてまだ一〇日。

千葉にほど近い都内東部の会社まで片道二時間。研修中の身の今は、朝五時半に起きて弁当を作り、七時前に家を出る。

「帰りは二一時過ぎでへとへとです。家には寝に帰るだけのような生活ですね」

貴重な休日に取材で訪ねておきながら、ぶしつけに聞いてしまった。――もっと会社に近いほうが、楽なのでは？

笑いながら彼女は首を振る。

「台所がふたくちコンロで、魚焼きグリルもある。お部屋も八畳で天井が高くて、ウォーク

孤独な学生生活。忘れられない夏

インクローゼットもついているので、ここは離れたくないんです。都心だったらこの広さには絶対住めませんから」

冷蔵庫には、生協でとっている玉ねぎと人参がぎっしり。

「生協の人参は味が濃くて好きなので。玉ねぎは、料理を始めた頃、スーパーで大きくておいしそうなのを買ったら、芯が腐っていたのがトラウマに。以来、玉ねぎと人参だけは生協で買っています」

冷凍庫には、鶏もも、豚こま、豚ひき肉が一食分ずつ小分けされている。食器棚代わりのシンク下は、山梨の母から譲り受けた焼き物と、自分がニトリや無印良品で買い揃えた器が、数多く並ぶ。

料理を楽しんでいる人の台所だと、一見してわかる。

しかし、一七歳から過食嘔吐を繰り返す摂食障害と闘っている。

「今は自分なりの対策を見つけ改善しましたが、それでも忙しさや疲労が重なると、症状が出ます」

「全部出したら、楽になれるかな」

母は料理上手で、何を作ってもおいしい。

高三の受験勉強に打ち込んでいたある春の夜、「食べすぎたから太っちゃうな」と思った。「試しに全部吐き出してみたら、気持ちがすごく楽になって。それが始まりでした。勉強と、そのとき網膜剝離《もうまくはくり》も患っていて、不安が重なったからかもしれません」

過食症の過食嘔吐は、食欲をコントロールできずやみくもに大食し、その後吐き出すことを指す。主治医からは「ストレス対処の手段として始まることもあるが、要因は人それぞれに違う」と言われた。

――そのほかになにか、思いあたることはありますか。

「両親が離婚した年でした。だから今でも、実家に帰ると母は晩酌しながら〝ごめんね、あのときに私が気づいてあげられれば〟と、自分を責める。それだけが原因ではないですし、〝もう時効だからいいよ〟って私は言うのだけれど」

突然、誰とも会えなくなる

最初は母に隠れて、食べていた。冷蔵庫に作り置きされた夕飯用のおかず、米、カップラーメン、ウィンナー、菓子。

「スライスチーズや魚肉ソーセージみたいに、すぐ食べられるものから手をつけます。それもないと、小麦粉とサラダ油と砂糖を混ぜた生地をレンチンして、即席クッキーというか、小麦粉の塊のようなものを食べていました」

一ヵ月ほどすると、母が「これがなくなっている」「あれもない。また食べたの?」と気づくようになった。

彼女はしかたなく、食欲が止まらないことや吐いてしまうことを告白。

「母は受け入れ難かったようですが、自分なりにいろいろ調べ始めて。一緒に行った病院の先生に、〝とにかく寝なさい〞と言われました。確かに受験勉強でほとんど寝ていなかった。すると、受験が終わるまで症状が治まったのです」

東京の国立大学に合格し、初めてのひとり暮らしが始まる。土日は趣味のダンスの稽古に打ち込み、一日も休む間のない生活が続いた三ヵ月後。再び症状が出た。

「友だちといる昼間はいいのです。夜、ひとりになると食べてしまう。仕送りが全部食費に消えました。食べることも料理も好きなのですが、過食のときって、食べられれば何でもいいんですよね。むしろ、味の濃いジャンクなものや添加物の多いもの、インスタント食品が食べたくなった」

症状が、日常の中に「あたりまえ」になった。

昼間は友だちと過ごすので、なんとか持ちこたえられたのが、大学二年の冬、コロナ禍に突入。

いきなりすべての活動が止まり、友達と会えず授業もオンラインに。

「春にかけてコロナウイルスの蔓延とともに、私の症状もどんどん悪化しました。ずっとひとりで家にいるので。コンビニはもちろん、ウーバーイーツにも手を出したら止まらなくなり、カードの支払いが仕送りの金額を超えてしまった」

五月。生活もたちゆかなくなり、母に電話をした。

「コロナで、悪化してるんだよね」

「すぐ帰ってきな！」

彼女は自分もぎりぎりだったはずの当時を、こう振り返る。

「私は三年生だからまだいい。一年の子のことを考えると、胸が痛いです。私のように悩みを持っていても誰にも相談できない。コロナ禍のあのとき、保育園から小中高までは社会で取り上げられ、さまざまなフォローがあり、大学も給付やパソコン貸与などありましたが、ひとりで暮らす、つながりの途絶えた学生のケアは輪の外というか。社会から忘れ去られているように私には感じられました」

この帰省が、彼女の心と体を繕う忘れられない時間になった。

「母は病気のことは何も言わず、ただただおいしいものを作り続け、日々を楽しく過ごせるよう心を砕いてくれた。実家でも症状は出ていたので察していたと思いますが、そっと見守る距離感がなによりありがたかった」

味噌汁、ご飯、肉か魚の主菜、切り干し大根やもやしのナムル、ホウレン草の柚子胡椒和《あ》えなどの副菜。季節の野菜を使った和食中心の一汁三菜をふたりで囲むとき、胸にこみ上げるものがあった。――誰かと食べるご飯はおいしいな。

「気になってる店があるから行こうとか、仕事帰りに〝これおいしそうだったから買ってきたよー〟とか。話題の店にテイクアウトしにドライブ行こうと誘ってくれたり。母は病気には触れず、いつもと変わらず接してくれ、でもできるだけ一緒に卓を囲もうとしてくれた。ひとりになると食べすぎるのをわかっていたんでしょう」

せっかく作ってくれたものでも、これを食べたら過食のスイッチが入ってしまうと直感が働くものは、「いいや」と断った。

母は「なんで？」と聞かず、「じゃあ明日食べよう」と笑って皿をひっこめた。

二カ月後。

もう大丈夫だと思った。

「母の、彩りが美しく栄養豊かな料理を見ていたら、私もこんな暮らしがしたかったんだよなと。母みたいにちゃんと作ろう、がんばろうって思えたのです」

帰省から東京に戻った日。その足で近所のスーパーに向かった。

「入学してから忙しくて、東京で自炊できてなかったから」

その日作ったメニューが、スマホに大切に保存されていた。

ランチョンマットに、首尾よく並んだ六品。

ご飯、ほうれん草と玉ねぎとしめじの味噌汁、サバの塩焼き、キムチ、納豆。かぼちゃのクリームチーズ和えは、実家から持たされた母の手作りだ。

「こういうのを作りたかった。食べたかったんだよなって心が満たされて。自分で作ると嬉しいから、過食したくなくなるんですよね。帰省から数カ月、一度も症状が出ませんでした」

前述のように今も、多忙や寝不足が続くと症状が出やすいが、時間にゆとりができると治まる。

原因が明確なので、不安が減った。

母のおかげで身についた三食自炊の習慣が、心のつっかえ棒だ。

だから、片道二時間かかってもこの広くて使いやすい台所から離れるつもりはない。

友達の誰にも症状のことを話していないが、二年前にできた恋人だけは、最近話した。

その後もなんら態度の変わることがない彼は大の料理好きで、よくふたりでこの台所に立つという。

ちなみに昨夜は彼と過ごし、ユーチューブで見た油そば作りに挑戦したらしい。

たまに帰省すると、彼女も台所に立つ。母は焼きナスやグリルチキン、きのこのバターホイル焼き、ごぼうの唐揚げなどを。彼女は生ハムクラッカーなど即席のつまみを作り、杯を重ねながらおしゃべりは夜更けまで続くという。

2020年7月26日
18:37
編集
98

それでも私は老婆心ながら、念押しするように聞いた。——会社は朝早くて夜遅いようですが、大丈夫ですか？　症状は出ない？

「もはや吐いてる暇がないほどくたくたで。そんな暇があったら一分でも早く寝たい。だから大丈夫です！」

もうひとつ、越す気がない理由を教えてくれた。

「府中って、ファミリーが多いんです。子どもや、公園などで親子が遊んでるのを見るのが好きで。緑が多いのも、ちょっと実家の風景と似てるんです。程よく田舎で程よく都会で。それに国道二〇号線は甲州街道。これが実家まで続いているんだって思うと、どこかほっとするんですよね」

往来の激しいなんの変哲もない道の向こうに、母の姿が彼女には見えているのかもしれない。

〔無職・94歳（女性）・戸建て・4LDK・JR湘南新宿ライン・逗子駅・神奈川県三浦郡。入居8カ月・築年数26年。長男夫婦との3人暮らし〕

特攻隊の基地にて

〈もうすぐ95歳になります。先生に話を聞いていただきたいと、唐突なお願いではありますが、連絡いたしました〉

雑誌に書いた私のエッセイを読んだとのことで、ホームページ宛にメールが届いた。文章の最後に、〈息子が代筆しました〉とある。どこにお住まいなのか。話を聞くとは、どういうことか。体力的に取材は可能なのだろうか。

謎多きお相手に、〈勝手ながら、台所を切り口に人生を語るインタビューが可能なら、うかがわせてください〉と返信した。九〇代の方のお話を聞ける機会はなかなかない。

早速ご本人から電話がかかってきた。

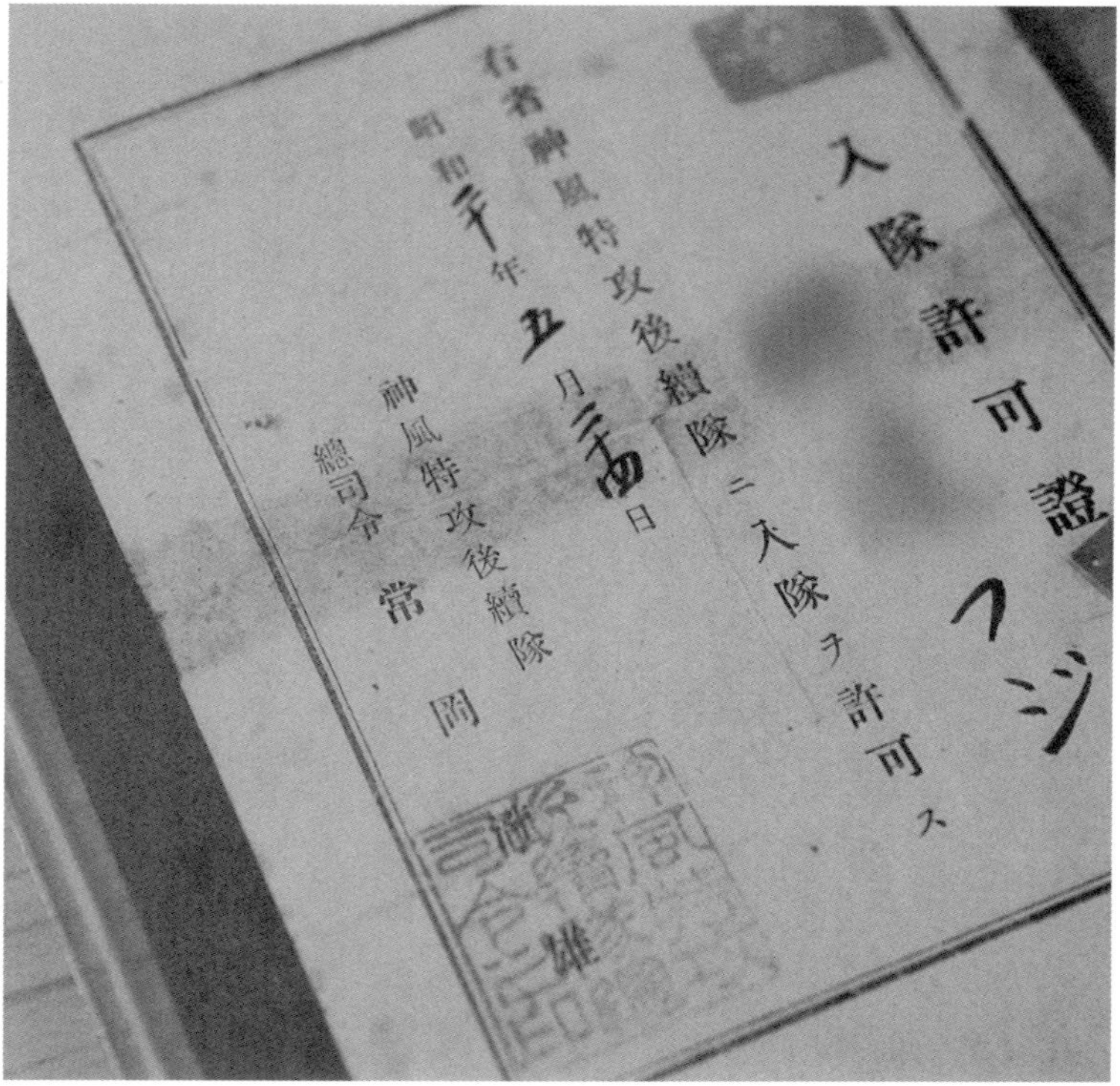

特攻隊の基地にて

「夫が七年前に亡くなりまして、半年ほど前から息子夫婦の家に住んでいますの。おいでって言ってくれるものですから。最期は施設ではなく家がいいなあと思って」

言葉によどみがない。亡夫がいかに素敵な人だったか、とうとうと語り続ける。私のほうが最期という単語に窮し、もごもごしてしまった。神奈川在住で、「東京」の枠から外れるけれど、行くと決めていた。戦争も高度経済成長期も、バブルの盛衰も知る先人には、聞いておかねばならないことがたくさんある。二〇二三年の初夏と年末に訪ねた。

初回の約束の一〇日ほど前に、突然こんな電話が来た。

「今日、お友達と会っていたら、疲れてしまって。先生、取材を延ばしていただけませんか」

すかさず私は電話口で頼んだ。「若輩者なので、〝先生〟だけはどうかやめてくださいね」。

女性の「神風特攻後続隊」

車椅子の彼女は姿勢がよく、目も耳も不自由がない。毎朝、バニラアイスクリームののったホットケーキにシロップをかけて食べるという。おやつには焼き芋や洋菓子少々、夜は肉料理を。

台所は、教員を退職した料理好きの息子さんが中心になって切り盛りしている。息子夫婦の家であるのと、車椅子ということもあり、この台所での料理経験はない。

　夫亡きあと、ひとり暮らしを経て、有料老人ホームへ。八カ月前旧居を手放し、思い出の大きな鉢や、ホウロウの鍋などわずかなものだけを携えてやってきた。

「生まれ育った鹿児島では、鶏足を黒酢でじっくり煮込むもてなし料理があるのです。お客さんが来ると、飼っていた薩摩鶏をつぶして作ります。その料理にはホウロウが便利でね」

　父は客船や帆掛け船などの船舶事業を営んでいた。みかんや野菜の広大な畑もあるので、母は農業を。仕事と家事を忙しく切り盛りする母の後ろ姿から箒《ほうき》の扱い方、茶碗の洗い方、布団干し、下駄の揃え方まで学んだ。

　のどかな少女時代を思い浮かべていると、彼女はたくさんのスクラップから、一枚の新聞記事と古い紙片を取り出した。

「一六歳のとき、神風特攻後続隊に志願したのです。これで私も、お国のために働けると」

　一九二八年生まれの彼女の少女期は、そのまま戦争と重なる。安穏とした自分の見当違いを恥じつつ、記事を読む。

　神風特攻後続隊とは、戦争末期、一般国民を本土決戦に動員するため、陸軍の少佐が設立した男女混合の民間組織とのこと。全国で四万人が志願したとされ、爆弾を抱えて敵戦車に飛び込む訓練を行うなどしていたが、活動の詳細を伝える記録はあまり残されていない。

「幼馴染の女友達と入隊志願書に血判を押して、町役場に提出しました」

紙片は、入隊許可証だった。日付は終戦の約四ヵ月前。特攻隊は、特別攻撃隊の略称である。一六歳の少女が、と息をのんだ。

「戦争に勝つことだけを考えていました。今思えば、安易に軍国主義に乗って、おんな子どもまで戦場にやらされて。何万人と死ぬ前に、どこかで止められなかったのか……。今も答えが出ません」

二歳上の夫とは、訓練所で出会った。予科練（一四歳から一七歳の少年の航空兵養成制度）で特攻隊に志願。卒業後、基地で出撃命令を待った。彼女は、神風特攻後続隊として搭乗員の世話を担ったのである。終戦があと少し遅れていれば、ふたりは結ばれていない。

「ですから、夫は特攻隊の生き残りなんです。二〇歳まで生きられないと思っていた人が、九〇歳まで生きた。でも、戦死していたかもしれない自分の運命や、戦死していった人たちのことは、生涯忘れることはなかったですね」

行き止まりの場所

互いに顔を見知ったのは訓練所だが、ゆっくり言葉をかわしたのは終戦の翌月、鹿児島が大きな台風に襲われたときのことである。実兄が経営する神奈川の会社で働いていた夫が、災害見舞いに鹿児島まで駆けつけ、初めて会話をした。

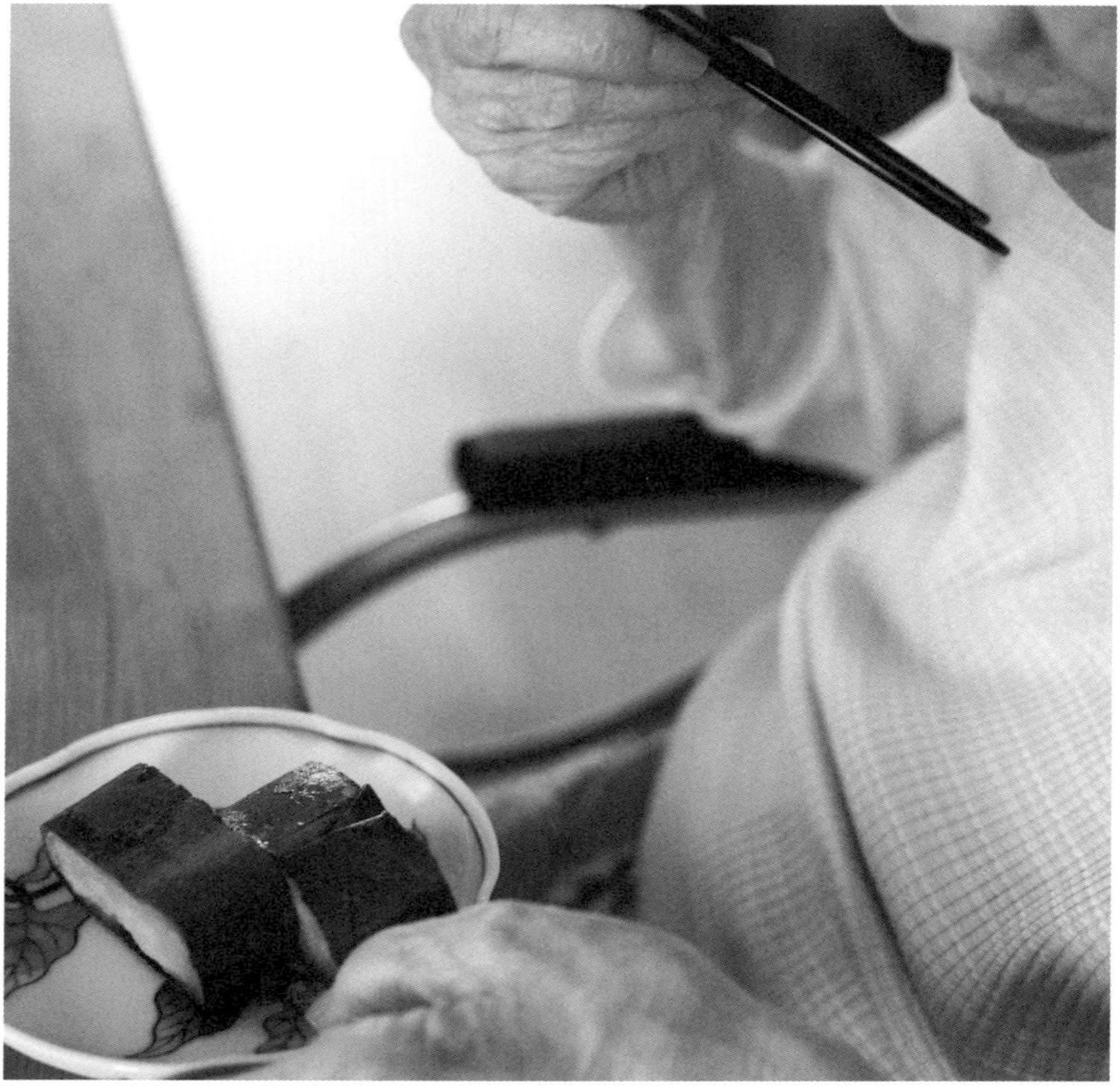

特攻隊の基地にて

実業団でバレーボールに打ち込んでいた彼女はその後、一八歳で彼と結婚。神奈川で生活が始まる。

財団法人で働き、ひとり息子を保育園に預けながら子育てをこなした。貯金ができると、地元のバレーボール協会に寄付をした。今もそれを続け、後進の育成に貢献している。

得意料理を尋ねると、「煮しめやあえものでしょうかねえ」と遠慮がちに答える。休日は短歌を詠んだり、音楽を聴いたり。いわば、共働きの中流家庭で、子どもも時代よりずっとゆたかなはずの時代に暮らしながら、ふたりの暮らしや食生活が、どこまでも質素なことを意外に思った。

「主人が贅沢を絶対しない人だったのです。あれ食べたい、これ食べたいも、食事の文句も一度も言ったことがない。それはもう、かわいそうなくらい、いつも〝戦争で逝った先輩にすまない〟と言ってね。おいしいもの、食べないんです。お肉なら、せいぜい焼き鳥。ステーキは食べませんでしたね」

そこから、問わず語りのように続いた。

「主人のその気持ち、私もよくわかるんです。つねにどこかで、生きていて申し訳ないという気持ちがある。だから、お金が貯まると若い人たちのために寄付をする。生き残った人生は、だれかのために使いたい。

時々思うんですよ、あのとき、後続隊に行ってなかったらどんな人生だったろうって。私の人生、いつもそこ。考え出すと、そこで立ち止まってしまう。いたちごっこなんです。

うちみたいな夫婦は、なかなかいないでしょうね。特攻を志した主人と私は、同類です。

終戦記念日には、毎年ふたりで近所のお寺に行きました。せめて自分たちだけは、戦死した方たちのことを忘れないでいようと。その方たちの犠牲のうえに、私たちの今がありますから。でも今、そんなのだれも気にしてないですよね。

戦争はね、上の人がなにか言っても絶対に反対すべきです。攻められたら撃ち返すって言うけどね、危険なものを作るから来るのよ。日本が負けたとき、本当に惨めだった。今の人たちが想像するよりもっと惨めなんです。食べるものもなくて、惨めを通り越して、もうひもじすぎて、何も考えられないの」

「死ぬまで女でいたい」

現在の台所は、夫と暮らした家のそれに似ているという。

「主人が若いころ建てて、七〇年近く住みました。晩年、入院して、死期が遠くないとわかったとき、深夜タクシーでこっそり連れて帰ったんです。〝家族に手を握られ、自分の家で逝きたいでしょう?〟と聞いたら、そうしたいと言うので」

長年の知己である病院長には、事後報告だ。「お前さんらしいな」と、苦笑されたらしい。

息子も手伝ってくれたが、基本はひとりで面倒を見て、最期は三〇分ふたりきりで、手を握りあったまま息を引き取った。

自分も最期は家族と、と思い、息子からの同居の提案に同意した。もう料理を作ることはできないが、前述のように、子どもが幼いころからよく作ってきた鶏足の黒酢煮のホウロウ鍋は持ってきた。

「最近の日記にも書いたのですが、私は死ぬまで女でいたいと思うのです。それなりに身ぎれいにして。私を愛してくれた主人のためにも、きれいにしていたいから」

歳をとると人は赤ちゃんに還っていくとよく言われる。彼女は違う。心のなかに棲む人のために、女性として生ききろうとしている。

そういう九〇代の女性に私は初めて会った。

特攻隊の基地にて

取材一三年記

住人の名前も顔も、使っている鍋や料理道具のクレジットも出ない。オシャレでも、料理好きでもなんでもない、ふつうの人の暮らしに根ざした台所を撮り歩くという企画は、ある書籍編集者の提案で、二〇一一年から個人的に取材を始めた。

その後、縁あって朝日新聞デジタルマガジン『＆ｗ』創刊と同時に連載が始まる。当初は知り合いのつてを頼って取材を依頼していたが、途中から『＆ｗ』編集部で募集することになった。

フランス、アイルランド、松本の番外編、特別企画の「料理家の台所」、書籍『男と女の台所』、『それでも食べて生きてゆく　東京の台所』の新規取材を入れると、現在三三〇軒余。

当初は、モノやインテリアという記号に頼らず、住み手の人生の物語をと意気込んでいたが、俯瞰すると、たった一三年間でも、台所空間に流行の変遷があり、家事シェア、料理に対する価値観の変化があることに気づく。

二〇一一年

取材スタート。ひとり目は行きつけの日本茶喫茶店主宅。下北沢・賃貸２ＤＫ。店主は「〝台所〟と呼ぶところがおもしろいね」と快諾。当時の雑誌やウェブメディアでは、キッチンインテリア、キッチンリフォーム、キッチンデザインなど、「台所」ではなく「キッチン」という用語が主流。数少ない「台所」を冠した書物で刺激を受けたのは平松洋子さんの『台所道具の楽しみ』（新潮社、一九九九年）。企画時の仮タイトル『東京の台所』は、『TOKYO STYLE』都築響一　写真・文（京都書院）から想起。タイトルは朝日新聞社連載担当編集者が決定した。

取材第一号は後に書籍（ハードカバー、文庫）の表紙になった

二〇一二年

『シンプルに生きる』ドミニック・ローホー著（幻冬舎）がロングセラーに。

必要最小限のもので暮らす人を表す造語「ミニマリスト」の言葉が浸透を始める。

すべてのものを食器棚やストックヤードにしまい込み、表に調味料や料理道具を出さない台所が少数ながらも登場。

二〇一三年

一月『東京の台所』（朝日新聞デジタルマガジン『&w』）連載開始。当初は毎週掲載、文・撮影を筆者が担当。

三月　阿佐ヶ谷住宅（前川國男、津端修一設計）解体。団地の樹木の保存だけでもと奔走した最後の住人からの応募で取材が実現。その後、住人は退去。野村不動産の高級マンションに。

阿佐ヶ谷住宅。庭付きの緑豊かな団地だった

二〇一四年

ＩＫＥＡ立川開店。

女性３人でルームシェア。家具はすべてIKEA。解散時に分ける約束

二〇一五年

ニトリの百貨店初プランタン銀座店開店。オリジナルブランド「NITORI QUALITY LINE」展開開始。新婚からファミリーまで、ニトリの家具で揃える人が増え始める。ひとり暮らしや同棲カップルのユーザーはまだ少ない。

二〇一六年

ＥＣサイト「北欧、暮らしの道具店」が売上十億を突破。

直接商品を訴求しない暮らしをゆたかにする読み物コンテンツでファンの注目を集め、ネットショップから影響力のあるECメディアに変換。

二〇一七年

IKEAオンラインサイト開始。食品保存容器や調味料入れなど細かい雑貨を購入する若い世代多数。

子育てを終え、自宅で念願の料理教室を開設。資金を夫に頼らず什器も自分で用意した女性の、IKEAの作業台

二〇二〇年

一月　86歳男性のひとり暮らし初登場（長女の応募だった）。西国分寺市・持ち家4DK。高齢の男性ひとり暮らしは応募がない。ネットに不慣れという事情もあるが、つてを頼っても「男のひとり暮らしは恥ずかしい」と現在も断られ続けている。家事労働の世代的な偏見を痛感。

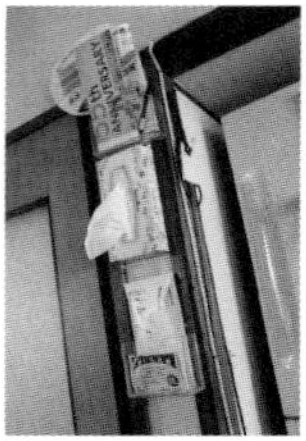

三月　コロナ禍のため、連載二〇〇回記念ファンミーティングが中止に。ツレヅレハナコさん（文筆家）、小川彩佳さん（キャスター）をスペシャルゲストに「語りつくそう！『東京の台所』」と題し、完売していたチケットを払い戻し。以降一年間は、感染防止を鑑み、個人宅取材を何度か休止。「切らしたら困るものコラム」や「印象深かった台所特集」、万一のことを考えて知己の人に依頼するなど、苦難の時期が断続的に続く。

四月　撮影者が大平一枝から本城直季さんに交代。限られた時間内にインタビューだけに集中、深く話を聴き込めるようになった。本城さんとは、「ブックシェルフ・ハンター」という著

本城直季さんと筆者。コロナ禍の取材でマスクは必需品

名人の書斎を訪ねる他誌の連載で旧知。自身も料理や食文化、栄養と心の関係に興味が深い。大平撮影の作品と区別を付けるため『東京の台所2』としてリニューアル。

二〇二一年

コロナ禍のテレワークの浸透により、男性の応募者が増える。

男性が料理を担当する20代同棲カップル。応募も彼から

二〇二二年

在宅勤務ながら、「話せばわかる説明をすべてメールやテキストにおこす」作業などが増え、オーバーワークに悩む人が増え始める。メンタル面で通院、カウンセリングを受けるなどの体験談が連続。コロナ禍で大学に通えないひとり暮らしの学生の孤独感、摂食障害に悩む学生も、この年は二四件中二名。

二〇二三年

コロナ禍が落ち着き通勤に戻す人がいるいっぽう、在宅勤務の経験を生かし起業あるいは副業など多様な働き方を生む。

台所の前にテレワークスペースを設置

二〇二四年

小学校低学年、中学、高校、専門学校。コロナ禍を経て不登校の子どもを抱える家庭と、「コロナがきっかけ」と語る離婚が確実に増加。食事や食習慣を変えることで、自分なりの答を探求する人の台所には多くのヒントが。

島根に夫婦の家あり。東京の企業に転職した妻の台所。半月は島根でテレワーク

〈視点〉

一三年間訪ね歩きながら、台所とは人が生きていくうえでどんな意味のある場所なんだろうと考えるようになった。ひとつ大きく実感しているのは、どんなに素敵な台所でも、ゆたかで恵まれているように見える暮らしでも、失ったものがない人などいないということだ。そして人は、どんなに辛く悲しくてもお腹がすくものなんだなと当たり前の不思議を思った。ここではさらに、現場から得たふたつの視点を記したい。

台所は家の中で唯一何かを生み出す場

生活空間で、日常的に手を使ってものを作り出す場は台所しかない。洗面所や風呂は汚れを落とす場、リビングはくつろぐ場、寝室は言わずもがな。

台所だけが、何かを生み出す場所なのである。

心や体の調子を崩したり、大切な人を失って生きる気力を失いかけたり、言うに言われぬ事情で自信をなくしている人でも、食べるために何かを作る。たとえカップラーメンにお湯を注ぐだけでも、ティーバッグのお茶一杯でも、生み出していることにかわりはない。

「料理が苦手」と語った住人は、昔から食にそれほど関心がなかった。オーバーワークが続き、心病気で入院。その後離婚を経験したが、苦手なりに栄養を考えた料理をくり返し作ることで、心身が整っていったと振り返った。

「食と健康にさえ気をつけていれば人生はなんとかなるとわかった」と、真っすぐなまなざしで語る。自分の手から作り出す料理で養生する日々が、彼女の自信の礎《いしずえ》になっている。

台所は自己肯定の場でもあるのだなと感じた。

誰もが食に関心があるわけでも料理が好きなわけでもない

みんながみんな料理を好きではないという、当たり前の事実を私は当初見落としていた。女性誌やライフスタイル誌で取り上げられる人々はみな料理が好きで、食に関心が高く、はやりの料理道具や、伝統製法で作られた調味料などをよく知っている。どこかで、それが自分の基準になっていた。

だが、市井の台所は、自分の見ていた世界がいかに狭く、偏ったものであったかを教える。

仕事が好きで、集中すると食はどうでもよくなる人、一からとったダシで料理を作っても子どもが食べず台所に立つのが憂鬱な人、残業と飲み会続きで平日は全く自炊をしない人。心を壊した母の記憶が蘇り料理がつらい人。夢を追いかけ食事は毎日やかんで茹でたパスタをインスタントのソースで和えるだけの人。

料理をしない人にはしない、またはできない理由があり、必ず物語がある。

人は多様で、ひとつとして同じ台所はなく、よりいっそう曇りのない目とまっさらな気持ちで傾聴しなければならないと心に刻んでいる。

焙炒ソフト

II

転居と人生

〔料理研究家・50歳（女性）・賃貸マンション・3K・半蔵門線・清澄白河駅・江東区。入居17年・築年数35年。夫（自営業・50歳）とのふたり暮らし〕

最後の夢を支える古い台所

この連載に出たかったと申し出てくださったその料理研究家の自宅兼仕事場は、清澄白河駅から徒歩二〇分のところにあった。

古い賃貸マンションの共用玄関の脇には自転車置き場があり、ひっそりとした押し戸の扉がある。見たところ、駐車場はない。

毎月料理誌やウェブで、名前を見ない日はないほど人気料理家ゆえに、少々意外な印象を持った。駅やスーパーも遠そうだ。買い出しやイベントや撮影など、大量の食材を持ち運ぶのは大変では。

「私は上京が遅く、故郷の新潟からおない年の夫と出てきたのが三三歳。いろいろ見比べる

最後の夢を支える古い台所

時間がないなか選んだのがここで、そのまま一七年住んでいます」

近所の閉店間近の雑貨屋が放出していた什器の天板を、昼は仕事の撮影台に、夜は食卓に使っている。

最初は床に座る生活だったが、だんだん料理の仕事が忙しくなり、このテーブルとスタッキングできる椅子を揃え、腰掛けるスタイルになった。椅子は、マンションの隣人から一脚譲り受けたのをきっかけにネットオークションで同じブランドのそれを買い揃えていった。

冷蔵庫は、結婚した一九年前に母が買ってくれたシャープの両開きだ。

「家庭用と仕事用と二台分けたいとか、もっと広いのや便利な新しいのがほしいと思うときもありますが、壊れないし、大きくしたらしたで、もっと大きいのが欲しくなるかも。意外に足りているので、今はこれでいいんですよね」

空間にも語り口にも、てらいがない。あるものを大切に使うが、だからといって声高にスタイルや思想を主張しない。

同郷の夫と、ご飯のおいしさを広めるべく、米の料理やご飯に合うおかずのレシピを考案する料理ユニットとして活動している。彼女は調理担当、彼は企画と執筆。おかわりをしたくなる日常のご飯がテーマだからだろうか。台所にも、気取らないあたたかな空気が流れていた。

この台所から離れられない

クローズ型の台所は、３Ｋの間取りに対しては広く、ガスは元栓を開け締めする旧式だ。コンロ、オーブン、ガス釜の炊飯器と大いに役立っている。シンクの前に小さな棚があり、料理の仕事で「作っている途中のものをちょっと置けて、とても便利なんです」。炊飯器は七台、お櫃《ひつ》は五つ。冷凍専用庫と酒用冷蔵庫はリビングダイニングにある。さらに収納しきれないプライベート用の酒が寝室にあるという。

「撮影に映えるようなビジュアルの良い台所にも憧れますし、もう少し広い家に引っ越そうかとも思うんですが、この台所から離れられなくて。広さ、ガス栓、コンセントの位置、コンロ前のちょい置き場。全部がベストで、築年数や最寄り駅からの遠さを凌駕《りょうが》する魅力があるんですよね、台所に」

夫は新潟の米農家に育ち、地元の大学を卒業して、地元の広告代理店に就職。市内の出版社に転職後も、ずっと新潟で暮らしていこうと思っていた。

上京して、清澄白河を選んだのは、「東京の西側は満員電車のイメージがあったので東側がいいなと。それと東京都現代美術館に来たことがあって街の雰囲気が好きだったので」（夫）。

住んでみると、台所もこの家も想像以上に「すごくよかった」とふたりは口を揃える。

妻がこの台所と出会うまでは、もう少し波乱がある。

新潟から東京の大学に進み、卒業後は一年間、木工を学ぶため岐阜県の職業訓練校へ。学生時代、やりたいことを三つ、頭に描いていた。

「家具にまつわる仕事、メディアの仕事、料理の仕事です。実家が仕出し料理屋なので、料理は身近でした。でも朝から晩まで働く親の姿をずっと見てきて苦労を知っていたので、料理はぼんやりと、という程度です」

ところが早々に、家具の世界は向いていないと悟る。——自分にはその才がない。

ある日、親しくなった学校の講師から「君は木工じゃなくてメディアがいい。映像の会社で人を探しているから受けてみたら」と勧められる。

メディアはやりたかった仕事のふたつ目だ。彼女は二三歳で、岐阜の映像会社に就職。小さな会社で、ADとして台本制作からロケハン、カメラアシスタントまでなんでもこなした。やがて、人手不足によりウェブデザインを担当することに。そこでウェブ制作の仕事に夢中になる。

「一からなにか作り上げるのが好きなんですね。でも地元に帰って両親を安心させたいという思いも強まり、二八歳で新潟の同種の制作会社に転職しました」

ここで親会社に勤めていた夫と出会い、三一歳で結婚した。

「彼は農家の長男ですし、結婚したとき、ああこれで東京に行くことはないなと一抹の寂し

最後の夢を支える古い台所

さは感じました」

インターネットが急速に社会に浸透していくなかで、ウェブサイトを作る仕事におもしろさとやりがいを感じた。いっぽうで、打ちこむほど責任ある仕事を任され、部下も会議も増えていく。上からは「とにかく作って」と言われ、「アウトプットばかり」の慌ただしい日が続いた。

食事が適当になり、ゆでたてのうどんに出来合いのかき揚げをのせ、めんつゆで食べる日が続いた一年後、ぽきりと気持ちが折れた。――辞めたい。

定年までそこで働く自分の姿をどうしても想像できなかった。

疲弊していく妻を傍らで見ていた夫は、反対しなかった。

彼女は、東京、岐阜、新潟と全力疾走の日々を振り返った。家具もメディアもやった。残りの人生で、自分がやりたいことはなんだろう?

残った夢のピースは料理だ。やるなら東京で。今しかないと思った。

「三〇越えた素人が料理の仕事を簡単にできるわけがないので、まず料理学校で学びたいと。夫に話すと、うん、それもおもしろそうだねと上京に同意してくれました。彼も新しいチャレンジを始めたかったんでしょう。夫は、義父母に生まれて初めて〝東京に行きたい〟と言ったら、〝いいよ〟とすんなり認めてくれたそうです」

地方の農家の長男が三〇代で故郷を離れるのを、両親はなぜ何も言わず受け入れたのか、夫は、「今でも謎で、わからないんです」と語る。ただそのひと言が、ふたりの背中を押す大きな力になったことだけは間違いない。

大急ぎで探した現在の住まいで、妻は飲食店のバイトをしながら夜は調理師学校で学ぶ。夫は広告制作会社でウェブ業務を。

学校卒業後はカフェ、レストラン、料理家アシスタント、マルシェ、食に関わる仕事を端からとりくんだ。

「新潟時代は上に立っていたのに、東京のカフェでは一番年上で、一番下っ端。技術もなく、若い二〇代の子に使われて、泣いたり笑ったり。レストランは三つぐらい転々として、忙しかったけれどあの日々は貴重でした」

「ごはん同盟」誕生

いささか彼女の歩みが長くなってしまった。三〇代で上京したいきさつと、心の内を記したかった。誰にも大小の人生の分岐点がある。選択には責任と重みが加わるが、彼女の口調は一貫して軽やかだ。自分の心と正直に向きあっているからだろうか。

二〇一一年、夫の実家のコシヒカリをガス釜で炊き、大勢で食べるイベントをふたりで開いた。このために二升炊きのガス釜を購入。遊び半分で夫婦のユニット名を「ごはん同盟」

と名付ける。

二五〇〇円食べ放題に、ご飯のお供多数。ツイッターの呼びかけのみにもかかわらず話題を呼び、参加者が増え徐々に定期化。四、五回目で取材が来た。そのうち「ちゃんとしたご飯の炊き方を教えてほしい」「料理雑誌で弁当の特集を」というオーダーも舞い込む。

なぜ、米だったのか。

「幼い頃から実家の米農家を継がなくてはと思いつつ、進んだ大学は経済学部。就職も広告の世界で。三三で東京に出たいというのを、文句一つ言わず送り出してくれた。実家の米の旨さをたくさんの人に知ってもらって、少しでも恩返しがしたいという気持ちがありました」(夫)

「当時、お米に特化しているフードユニットがいなかったのと、お米と言うとどうしても、おにぎりにいきがちなんですよね。私たちは、ガス釜の炊きたてをそのまま食べていただくスタイルだったので。知識に走りすぎず、ポップで楽しくを心がけていたのも、よかったのかもしれません」(妻)

米のおいしさを伝える活動をひとつの柱に据えようと決めたとき、知識を深めるため近所の米屋でバイトを始めた。米屋も含め三本のバイトを掛け持ちである。

その後、間借りの喫茶店の切り盛りを依頼された。飲み物のほか、カレーに定食に焼き菓子。おいしさは評判を呼び、そのうえ接客は大変ながらも話すのが好きで「つい相手をして

しまい、最後はスナックみたいになっちゃった」(妻)。

二〇一七年、初の料理本発売から、ごはん同盟の仕事が忙しくなり、夫も軸足をこちらに移す。

雑誌やテレビ、イベント出演もあれば飲食店のメニュー開発や相談もある。

「大きなものから小さなものまで、多様な仕事を、この台所が引き受けてくれた。ただの自宅の台所のはずが、必死だった一七年間をずっと共にあったと思うと、離れられなくて……、ね」

夫婦で顔を見合わせる。

撮影中、台所のどこからも、菓子が出てこなかった。

「仕事中でもプライベートでも、ちょっと小腹がすいたら小さいおにぎりを食べちゃうんです。お米って飽きないし、いろんな味と相性が良くて包容力があるんですよね」

冷蔵庫には、たくあん、すじこ、佃煮、豆やラー油など一五の小瓶が入ったトレーがあった。すべてご飯のお供で、これは一軍。ほかに二軍、三軍もあるとのこと。具だくさんの味噌汁に白いご飯、これらのお供が毎朝の定番だ。

調理道具が増えすぎたので少しモノを減らしたいと言うが、どうやら本気で引っ越す気配はなさそうだ。

次の夢はと尋ねると、「ない」と即答する。

「やりたいことがないんです。料理がやりたかった最後のものだから。もう思いつかない。それに私は、木工で挫折した経験があるので。自分で強く望むより、雑誌や間借りの喫茶店のときみたいに、やらないかと言われたものに全力投球したほうがうまくいく気がしているのです」

実家で料理を学んだことはないが、子どものころからいいものを食べさせてもらったことが、味覚の記憶という財産になっている。

木工も映像もウェブデザインも実家も、もう辞めたいと心折れた新潟の夜も、みなこの台所につながっている。どれが欠けても今ここにいない。

過去に感謝しながら、気負わず、自分たちのおいしいと思うご飯の飾らぬ味を提案する。きっとこの先もしばらく、この台所から。

〔契約社員、カウンセラー・62歳（女性）・賃貸マンション・2DK・京王線・浜田山駅・杉並区。入居28年・築年数42年。夫（自営業・54歳）とのふたり暮らし〕

〝ふわん〟の原風景

ある日、突然、呼び鈴が鳴った。夫が対応すると、見慣れぬスーツ姿の男性がいる。

「今月から弊社に管理会社が代わりまして。マンションは取り壊しが決まりましたので、退去のお願いに参りました」

「急すぎます。いつまでですか」

「できるだけ早いと助かります」

その後、近くのファミレスで詳しい話を聞く。困惑して即答できずにいると、どんどん提示の立ち退き料が加算されていった。

ふたりは、この部屋も浜田山の街も気に入っていた。築年数は古いが、五階の部屋からは

〝ふわん〟の原風景

富士山が見える。駅から自宅までに、西友やチェーン店もあるが、個人経営のセンスの良い書店や花屋、地元民から愛される洋菓子店なども混じり合う。夫の「街がぎらぎらしていないところもいい」という言葉にも共感している。

「入居したときは、畳ふた間にふすまで、台所は昭和柄のクッションフロア。それをひとつひとつ、彼とDIYしながら原状復帰できる範囲でリフォームして思い入れもありました」

畳の上にフローリング材を敷き、ふすまを取り外してワンルームに。台所には、ワイヤと金具で棚を取り付け、コンロ脇のデッドスペースには鍋を置くキャビネットも夫が自作した。

入居歴二八年は、台所取材の賃貸事例で最長である。東京では二年に一度契約更新があり、ひと月分の家賃を加算して払うことが多い。それは、同じひと月分ならもっと広いところ、あるいは便利なところに越す資金に充てようと考える契機になりやすい。

ただでさえ隣の芝生は青く見えるものだが、一度も転居を考えずにきたのはなぜか。

「空がいいんですよ。今も毎日、ベランダに出ては雲の写真を撮っています。最初の内見のときが夜で、彼が夜景を見て〝ここにしよう〟って一発で決めたんです」

以来ずっと住まいに不満がない。洗面所はお湯が出ないことや、家具の重さで沈む古い畳もとるにたらない。

「かといってすべてに欲がないわけでもないんです。化粧品や美容室は、いいものに出合っても、もっと上があるんじゃないかって、追い求めちゃう。不思議と住まいは満足して、未来の物件を探すことなくきた。それだけなんですよね」

淡々と語る。

しかし、さまざまな交渉の末、ひと月後に退去が決定した。

次の住まいもここからほど近い井の頭線沿線で、町名も変わらない。絶対外せないという善福寺川近くの1LDKだ。環境を諦めきれなかったので、予算に合わせて部屋が少々狭くなったが、今は楽しみが大きくふくらんでいる。

「井の頭線にこだわったのは、思い返すと二〇代の頃に見た、あるイラストレーターさんの住まいが原点なんですよね。井の頭線の東松原という駅で、当時私は編集者で、彼の家に作品を受け取りに行ったのです」

八歳下の彼と

その住まいは古いマンションの一室で、棚や収納などDIYで工夫を重ね、窓辺にはたっぷりの花が飾られていた。

打ち合わせをしていると、奥の部屋から赤ちゃんの声が聞こえる。穏やかな生活の気配に気持ちがほぐれる。帰り道の線路の脇には、あじさいが揺れていた。

「古いマンションでも工夫して自分流に、楽しみながら暮らしていて。井の頭線に乗ると、ゆっくり走る車窓から家々やあじさいが見えて。神奈川の実家近くは京急でピューってすごい速いから、景色もあまり楽しめないんです。沿線の街は洗練されすぎてなくて、のどかで、緑もある。そのときふわんとなんともいえない安心感、優しくて幸せな空気感に包まれたんですよね。進む道をポッと照らされたような。大好きな絵本を満ち足りた気持ちで読み終えたときのような。ああ、私もこんな街であんなふうに暮らしたいなと思いました」

三〇数年前の〝ふわん〟の優しい原風景が、今も心にある。それを浜田山の住まいで無理せず体現できたからこそ、今以上を望まなかったのだろう。

ところで夫は、転居に抵抗はないのだろうか。

「Rちゃん（妻）の住みたいところならどこでもいいよって」

彼女は契約社員の傍ら、三〇年来心理学とコーチングの勉強を続け、三年前からオンラインのカウンセリングも始めた。すると、彼にこう言われたらしい。

「Rちゃんは、そこにいるだけでみんな楽しい気持ちになって癒やされるから、わざわざそんなことやらなくていいよ」

取材では「だんなさん」という言葉を用いる。昨今は、主従関係を思わせるとして敏感に受け止められがちだが、意に介さない。

「うちは子どもがいないから〝パパ〟も変だし、〝主人〟は使わないけれど、とくに気にしていません」

互いが違和感なく、心が健やかならそれでいい。夫婦の睦まじさを率直に語るところも含めて世代的には珍しいかもしれないが、「自分たちはこれでいい」という自然体は、理屈でないところで胸に響いた。

ただ、八歳下の彼との結婚は簡単ではなかったらしい。

一緒に暮らし始めた当初は、彼は建築事務所を辞め、ボイラー技士のアルバイトを始めたばかりで先が見えない。収入が多かった彼女が家賃を負担した。

いっぽう彼女は実家からは次々見合いを勧められ、これからどうするか互いに触れない不安定な状態が続いた。

結婚は同棲七年目、交際から一〇年の歳月が流れていた。

「私の知らない建築の本をたくさん読んでいて、腕がいい大工さんのお義父さんと同じく、彼も職人気質で仕事が丁寧。お義母さんも朝四時からマンションの管理人をこなす働き者。仕事も軌道に乗って、家賃を負担してくれるようになったり、マラソンや猫や共通の好きなものがお互いに増えていったり、私の両親を大切にする姿に接することで、より信頼が増していった感じでしょうか」

彼のバイク事故や、流産など試練もあった。

が、なにがあっても、彼は自分にとって宝だと言い切れるまでになったのは、生命力と生きていくための知恵の深さが感じられるからだ。

「一年前かな。どんな洗剤を使っても、何をどうしてもとれなかった洗濯機フィルターの金具の汚れを、彼がピカピカにしていたのです。どうしたのと聞いたら、〝力を入れず、たわしでただただこすり続けただけだよ〟と。暮らしの知恵っていうのかな。些細なできごとですが、私が惹かれたのはこういうところだなと思いました」

七年前、事業継承して会社代表になった彼は、毎朝五時半に家を出る。その前に洗濯と台所の片付けを済ませる。

彼女が何度も失敗して諦めていたぬか漬けは、「大好きななすが食べたいから」と彼が再開した。冷蔵庫には、ていねいにキッチンペーパーで覆われたぬか床が。

夕飯は、先に帰宅する彼がおかずを一品作り晩酌を始めている。後から帰宅する彼女がご飯やおかずを整えて、卓を囲む。

六二歳と五四歳。日本人の多くは、連れ合いを人前で褒めたがらない。こういう夫婦が増えたら、時代の空気も変わりそうだなと率直に思った。「だんなさん」と呼ぼうが、家賃をどちらが負担しようが、ふたりの幸福のものさしはぶれない。

曖昧で不安定だった結婚までの若いふたりをずっと見てきた古い部屋との別れが近づいている。

次の部屋の不動産サイトの物件キャッチコピーが、『この空気感!』だったとか。

三〇余年前に、東松原で感じたふわんと優しい空気が新天地にも息づいているようだ。

〝ふわん〟の原風景

〔ライター・33歳（女性）・賃貸マンション・2DK・東武大師線・大師前駅・足立区。入居3年・築年数約30年。夫（会社員・33歳）とのふたり暮らし〕

祖父の米とだまこ鍋

「米、まだあるったが？　持っていがねがー」

正月。秋田の祖父との最後の会話になった。

八九歳、孫とふたり暮らし。目も耳も達者で、杖も使わない。雪が一〇センチほど積もり、風が吹くと頬がピリピリ痛く感じるような寒さのなか、彼女が乗る車を「気ぃつけてなー」と手を振りながら、誘導した。まもなく風呂場で倒れ、そのまま息を引き取った。

「夏にまた会えると思っていたので、信じられない気持ちです。八四歳まで田んぼに出ていて、とても元気な人だったので」

声が詰まる。まだ二カ月ではさもありなん。

祖父の米とだまこ鍋

秋田で生まれ育ち、母方の祖父宅には毎週末、遊びに行った。父が教員で、土日は部活が忙しい。近所なので、母にとっても息抜きの場であったのだろう。

「祖父は二枚目で、口数が少なくて、遊びには行くけれど、じつはそんなに喋ったことはないんです。私とは、ちょっとした独特の距離がありました」

山形で学生生活を送ったときも、欠かさず祖父の米を送ってもらい、地元の新聞社に就職したときは実家暮らしだったので、慣れ親しんだあの味を堪能。

二八で結婚を機に上京するまで、一度も米を買ったことがない。

「さすがに結婚してまでおじいちゃんに送ってもらうのもなあと遠慮して、初めて東京のスーパーで買ってみたんです。ところが品種も、何キロにすればいいかもわからない。とりあえず、聞いたことのある品種で安いのを買ってみたら、露骨な表現になってしまいますが、衝撃的なまずさでびっくりしました」

においがきつい。粒の大きさがバラバラで、どれだけ食べてもなにかが物足りない。

あー、当たり前に食べていたおじいちゃんのお米は、こんなにもおいしいものだったのか。しみじみ実感した。

「それからおじいちゃんに頼んで送ってもらうようになりました。噛むと甘くて、みずみずしくて。粒が揃って大きいのです。二八で初めて気づきましたね」

祖父は八四歳で農業を引退。信頼できる知人に田を貸した。祖父が長年土から育て上げた田でとれる米を、その後も送ってもらっている。

朝、夫は食事をしないが、彼女は必ず白米を食べる。幼い頃から実家の朝は、ご飯、味噌汁、漬物が定番だった。だから今も「トーストという発想はあまりない」と笑う。

「高校生のときなんて、三杯は食べてましたよ。でも、食卓を見ると、代わり映えのしないご飯で、これだけかーなんてあの頃は思ってた。こんなおいしいご飯が常にあるってすごいことだと、今ならよくわかるのですが」

祖父は三〇年前に白血病で妻を、一〇年前にがんで娘を亡くし、晩年は孫である彼女の従兄弟とふたり暮らしだった。

「いつも淡々として、感情を表に出さず言葉も少ないですが、地域で人望が厚かった。たのまれてもいないのに、人んちまで除雪をする。そういう人でした」

物静かな彼が怒ったのを、彼女は一度だけ見た。

八四の秋。収穫後のことだった。

母、兄家族と遊びに行くと、祖父が不意に宣言した。

「もう今年で米作りは終わりにする」

もともと他の農家と共同で大規模に営んでいたが、徐々に亡くなり、ひとりになってしまったからだ。

母や兄たちは軽い気持ちで言った。

「田んぼがもったいないよ」

「自分が仕事を退職したらやろうかな」

突然、祖父が声を荒らげた。

「自分でおいしいお米作れると思ったらやってみれっ」

長年の試行錯誤の末にできあがった味。みなに分け与えているおいしい米は、そんな簡単に作れないという自負と怒りから湧き出た言葉だ。

間に合っていた言葉

だまこ鍋は、彼女が実家でよく食べた大好物の郷土料理だ。

〝あきたこまち〟をすりこぎで〝半殺し〟にして丸めた団子を、比内地鶏のだしの鍋に入れる。舞茸とごぼう、最後に根付きのセリをのせるのがポイント。

兵庫出身の夫も好きで、友人を招いたときも必ず喜ばれる。

この取材のため、たっぷり作りおかれただまこ鍋は、焼いたきりたんぽの鍋とは違う。甘みのある、もちもちのだまこ（米の団子）が、だし汁によくからむ。シンプルな食材なのに、舞茸の旨味とごぼうの風味が、コクのあるだしとよく調和して、どんどん箸が進む。トッピングの、シャキシャキとしたセリの清涼な苦味と歯ざわりがまた合うこと。

「学校から帰って、母が炊き立てのお米を潰しているのを見ると嬉しくて。一緒に潰す手伝いをしました。これは甘みが強いけどスッキリした後味の、あきたこまちじゃないとだめなんです」

私はおじいさんの田で採れたあきたこまちの絶品だまこ汁を、思わず大盛り二杯おかわりした。

しかし、実家に残る祖父の田の米は一五キロで、底をつく日は遠くない。どうしますかと、答えようのない質問を投げかけると、動じなかった。

「やはり現物には限りがあるので、いずれなくなってしまうのですが、不思議とそこに悲しさを感じていません。底をついたら、値段にひるまず、高くてもちゃんとおいしいお米を買うようにします。努力と苦労、工夫を重ねた祖父のような人がいるとわかったから。そういうちゃんとした人のお米はおいしい。食べ物の価値を祖父から学びました」

言葉のやり取りは少ない祖父と孫だったが、じつは彼女はきちんと礼を伝えている。忘れていたが、亡くなってから母に聞いた。

「私が四、五歳のとき、冷夏で米が不作になり、世の中は古米やタイ米を食べているというニュースが流れたんです。うちはおじいちゃんのおいしい米が食べられる。祖父の家に行った時、部屋まで行って〝じいちゃん、おいしいお米作ってくれてありがとう〟って言ったんですよね。あとから、〝あの子にこんなこと言われたって、おじいちゃんがものすごく嬉しそうだったよ〟と、母から聞きました。子どものころのことだけど、直接伝えられて、ほんとよかったです」

かつての祖父を支え、今の彼女を支える遠い記憶。言葉が間に合ってよかった。

まだまだ喪失をうまく消化しきれていないに違いないが、彼女は東京の台所で粒揃いの米を炊きながら、こんなことを考え続けている。

「最近、何かに対して大切に思うことと、実際に〝大切にすること〟の間には、すごく差があるなと感じています。亡くなった人に対して〝大切にする〟って、どうしたらいいんだろうと。それはきっと、〝思い出す〟ことなんじゃないか。台所で、おいしいお米を食べさせてくれていたことを思い出せる。それが祖父を大切にすることなのではと考えているところです」

スーパーで。ホームパーティーで。彼との食卓で。ふとした折に米を見れば、祖父の愛を思い出す。

真に弔うとはそういうことかもしれない。

祖父の米とだまこ鍋

〔自営業・36歳（女性）・賃貸マンション1LDK・丸ノ内線・新中野駅・中野区。入居8カ月・築年数13年。夫（歯科技工士・36歳）とのふたり暮らし〕

料理の記憶がない一〇年を経て

ちゃんと料理をするようになったのは、昨年の結婚がきっかけである。

歯科技工士の夫とは、マッチングアプリで出会った。コロナ禍でやっと、料理も恋愛も楽しむゆとりができてのチャレンジだった。

それまでは終電帰りの日々で、台所にほとんど立っていない。

「料理本を見るのは好きですし、料理ができる人にも憧れているのです。でもたまに作っても翌日は遅くまで仕事で、続かないから中途半端に残った野菜を腐らせてしまって……。じつは、長くご飯が入ったままの炊飯器ごと捨てたこともあります。職場は小さな編集プロダクションなのですが、いつか会社を継いでやろうというつもりで、必死に社長の背中を追い

料理の記憶がない一〇年を経て

かけていたので。土日も取材で出ていました」

平日の夜は職場でコンビニ弁当を食べる。地方取材の折にもらった野菜を冷蔵庫で腐らせてしまう自分が、苦しくもあった。

掃除もしていないので、家が荒れていく。

「あまり家に帰りたくなくて、少し時間ができると飲みに行ってましたね」

一八歳で福岡から上京。新聞奨学生、アルバイトを経て入った最初の編集プロダクションは、偏った人間関係の難しさに限界を感じ、三カ月で退社。だからこそ、転職先では結果を出そうと打ち込んだ。絶対、指名で仕事を取ってくるようになるぞ、と。

三〇代で、その夢が叶った。がむしゃらだったこの一〇年を、彼女はこう振り返る。「料理をしなかったのは時間のせいではなく、自分の生き方の中に〝生活〟がなかったから。自分のなかに仕事しかなかった。だからどんな人と出会っても、仕事ができるかできないか、だけで見ていた。結婚もしないと思っていました」

ところが不意に、コロナ禍で日々のリズムが一変する。

外食も大事

夕方まで家で仕事をして、夜はネットのレシピで料理を作ったり、近所にゆっくり食事に行ったり。

「作りたいと思って台所に立つので、楽しいんですよね。インスタを見ると、みんなめちゃくちゃ料理している。若い頃は、自分はできていないと罪悪感を持ったかもしれませんが、この年になると傷つかない。素直においしそうだなと思える。そういう世界も見ていなかったので、よく知らなかったのです」

掃除や片づけが得意で、家事シェアが自然にできる恋人もできた。結婚に際し、「料理と洗濯をするので、あとをやってもらえないか」と相談した。彼は素直に同意し「一〇〇%しっかり分けるのではなく、できる人ができる範囲でやろう」と、ゆるやかさを大事にした。彼は、長年の習慣から胃を休めたいという理由で朝は食べない。彼女は納豆ご飯と味噌汁を。

夕食は自炊と外食を週に半々の割合で、ふたりで楽しむ。

「週七日外食だったら気持ちが荒《すさ》みます。でも必ず作る、というのも続かない。ふたりともお店も好きなので。自炊と外食、どっちもあるからどっちも嫌にならないんですよね」

最近、鍋で米を炊くコツを体得した。ひとつひとつ、作る喜びが増えていく今、しみじみ思うのは「食は生活の基本」というシンプルな教訓だ。

「やってみて、生活を抜きにしちゃいけないなとわかった。そこを犠牲にして仕事を頑張って何かを得られるのは、若い頃のある一定の時期だけ。そこが充実していないと、人に写真

三浦哲哉
自炊者になるための26週
青菜のおひたしは海のさざなみのように。
SHIORIの野菜日和
定番なのに新しい！ おいしい野菜の食べ方
YOMEの基本のおかずアレンジおかず
おいしい104レシピ
宝島社
syunkonカフェ
どこにでもある素材でだれでもできるレシピを一冊にまとめた「作る気になる」本
山本ゆり
栗原はるみ
料理と利他
土井善晴 中島岳志
お肴春秋
辰巳芳子

や文字を届ける仕事はできない。人の生活をわかっていないと届けられないものがあると、ようやく気づきました」

じつは最近、独立して会社を興した。社長の背中を追いかけるのではなく、教えを活かしながらこれからは、編集者としての居場所を自分で創造したいと思ったからだ。

経営者になった現在、やりたいことは山積みで、かつてのように遅くまで働いてこなしたいという思いもなくはない。

「でもそれはやめておこうと。週二、三回夕飯を作る今の生活を守りたい。もうごみ捨てもままならない生活に戻りたくないのです。昔と違って、今は家は帰りたい場所。そう思えるのはとても幸せなことだと思うので」

リビングの手に取りやすい場所に料理本が並んでいた。

近くなったり、遠くなったり。これからも、料理との距離感はときどきで変わることもあるだろう。

だが、台所に立った記憶がほとんどない一〇年が、彼女を裏支えしている。きっと自分を見失うことはない。

賃貸大改造。原点は転勤先の孤独感

〔書店員・42歳（女性）・賃貸戸建て・6DK・西武国分寺線・恋ヶ窪駅・国分寺市。入居3年・築年数60年。長男（21歳）、長女（13歳）との3人暮らし、夫（公務員・47歳）単身赴任中〕

築六〇年の古家を縦横無尽にリメイクしている。賃貸なので大々的なリフォームでも、工事を入れたリノベーションでもない。すべて自分たちのDIY。ふすまを外し、土壁を壊して抜き、気にいっている木製のドアに取り換え。柱は白く塗り、天井には脚立に登って壁紙を貼り、雰囲気を変えた。

台所のシンク扉を外してオープン収納に。引き出しを塗り替え、アイアンの取手に付け替えている。

夫の転勤で急きょ決めた6DKはもともと、改造はNGだった。

だが、住みながら近所の七〇代の大家夫婦と自然に交流を温めるなかで、原状復帰をしなくて良いということになった。

転勤で福岡、石川、茨城に住んだ。どこも自分たちで住みやすいように手を入れてきた。彼女が「インテリア・住まい」カテゴリーのブログやユーチューブ、雑誌の記事で有名になるにつれ、不動産会社や大家の理解が深まり、石川時代から改造の許可が出やすくなったという。現在の家の大家も、親しくなってからそれらのメディアを見て過去の実例を知り、好感をもったと後から聞いた。

「子どものころから大工仕事や、インテリアを考えるのが大好き。友達が漫画雑誌の『りぼん』を読んでいる頃、雑誌の『私のカントリー』を愛読していました」

当初はそれほど興味がなかった夫も、今では率先してＤＩＹを楽しんでいる。

しかし、たよりの彼は現在一年の約束で新宿に単身赴任中。公務で都心を離れられない任務に就いている。

そのため、台所に棚を付けたり、小さな壁を抜いたりは彼女ひとりでこなしたらしい。

賃貸はいずれ、退去する。これだけ手をかけても離れる日が来ることについてはどう思っているのだろう。

「ずっと賃貸暮らしで、必ず終わりが来るとわかっているので気にしていません。元来、引っ越してリセットするのが好きなんです。そして、次の家に合わせて住みながら変えていくのが楽しい」

物件探しは、なかなか借り手がつかないような古い家をねらうのがコツ。そういう物件だと、自分たちで手を入れると価値が上がるので、企業も大家もむしろ喜ぶ。

猫五匹と犬一匹というペット可条件優先で急ぎ決めた今の家から、大家と予期せぬ心地よいお付き合いも生まれた。

冷蔵庫に入っていた大きなカレーの鍋は大家の差し入れだという。

「今日はバナナとレタスが入っている特製だそうです。ご自分はふたり暮らしなのに、私たち三人分を別の鍋でわざわざ作ってくれるんですよ。私もフルタイムの書店員をしていて忙しいので、とても助かっています」

きっかけは引っ越し当日。自転車のかごに、コンビニで買ったコーヒーを入れ、差し入れてくれた。そして、聞かれた。

「今日は忙しくてご飯を作れないだろうから、カレーを作ってくるけどいい？」

疲労のピークだった彼女たち一家が喜ぶ顔を見て、「じゃあ買い出しに行ってくるわ」と自転車で去っていった。

以来、ことあるごとに鍋いっぱいのカレーやおでん、天ぷらをもってきてくれる。

「たくさん作りたいけど、ふたりじゃ余っちゃうからついでなの、気にしないでって。カレーとか、大量に作ったほうがおいしいし、たくさん作りたいという気持ちは私もとてもよくわかる。だから甘えてしまっています。お返しは、負担にならないようお菓子や果物などにしています」

時折、大家がそのまま家にあがっておしゃべりしていくこともある。古い昔の作りの家のため、若い世代からの問い合わせがほぼなかった。来るたびに息を吹き返したように素敵な空間に生まれ変わるのを見るのが嬉しいのだと大家は語った。

所有者をも笑顔にするこの大胆なＤＩＹは、突然におとずれた〝ひとりぼっち〟の記憶から始まる。

ＳＮＳと自分

「唐突に孤独になってしまったんです」

関東育ちの彼女は夫の転勤で、知り合いがひとりもいない九州に越した二九歳を振り返る。住まいの官舎には、目上の人しかいない。子どもが幼稚園に入っていなかったので、ママ友もいない。

「家の中にずーっといました。ＤＩＹで整えても、見てくれる人が家族しかいない。なんだか張り合いがなくて、ちょうどブログが全盛の頃で、インテリアブログを書き出したんです。そしたら見てくれる人がみるみる増えていって。嬉しくて記事をどんどん投稿していると二カ月目には、雑誌の取材依頼が来ました」

転勤があるので、大きな家具は買えない。ホームセンターで買った板で簡易に組み立てられる棚や収納の工夫が、たくさんの読者から支持された。

翌年、今度は茨城県の郊外へ。またも急な転勤で、住まいをゆっくり探している時間がない。おまけに、周囲に賃貸物件自体がないエリアだった。

やっとネットで見つけた戸建ては、文字どおりの「廃屋」だ。九州から下見にも行けず、実家の家族に代わりに見てもらい決めた。

「築四〇年の廃屋で、壁に穴は空いているし、お風呂にはドアもない。長年空き家だったので畳も腐っていて。夫と一から、直したり作ったりしたあの経験で、自信と力が付きましたね。これで、たいがいの家はいけるぞという。怖いものがなくなりました（笑）」

フォロワーは増え続け、折しも〝丁寧な暮らしブーム〟と重なり、取材も増えていった。すると、自然にアンチコメントも増える。なかには炎上する書き手もいるが、一三年経た現在もマイペースで続けている背景には、SNSとの適度な距離感がある。

「作り話って言われたり、傷つくこともなくはないですよ。見なきゃいいじゃんって言われるけど、やっぱりコメントって見たいですもんね。一個悪いこと書かれると、そっちに気持ちが持っていかれがちだけど、その何倍もいいコメントがあるのだし、自分に合っていることだけやっていれば、無理も出ない。自分たちが気持ちよく暮らすことが目的であって、SNSが目的ではないので」

一三年間に、たくさん注目を集めた人もいれば、いつのまにかいなくなった人もいる。新しい人も次々出てくる。

「私は古参。かつての丁寧な暮らしのブームも、お祭りみたいだなあと思いました。みんなこんなに梅干し漬けてるのねーとか。私は一回漬けたら食べきれないので、しばらくやらなくていい。自分のペースで無理をしないのが、続けてこれた理由かもしれませんね」

九州でも、ＳＮＳを通じて一生付き合える友人ができた。意気投合して一緒にハンドメイド市を開いたことも。

どんな場所に住んでいても、自分の表現を発信できるＳＮＳは、彼女に多様な気づきとＤＩＹのやりがい、人との出会いをもたらしてくれた。それが縁で雑誌のエッセーを依頼され、子どものころから憧れていた文章を書く仕事も増えつつある。

ふだんは一九、二〇時ごろまで書店で働いている。仕事の帰りに、子どもたちに「ホットプレート出しといて」と指示。あらかじめ切り分けた野菜を常備しているので、帰宅したらすぐに焼きそばを焼いたり、鍋の湯を沸かしておいてもらい、鶏味噌鍋や鴨鍋をさっと作ったりする。夫のいない生活ペースにも慣れてきた。

当面は転勤もなく、夫が戻ってきてもここにしばらく落ち着けるらしい。

良かったですね、と言うと「そのほうがＤＩＹのモチベを保つのが難しくなりそうです」と笑った。

九州時代の官舎は、夫の同僚の妻たちがみな年上だった。

「あの奥さんたちも孤独だったんじゃないかなと、今ならわかるのです」

だからのちに別の官舎に越したときは、今度は自分が気楽に若い妻たちを招いた。同じ間取りなのに、アイデアあふれるＤＩＹで個性的な空間にしていることにみな目を輝かせ、会話のいとぐちになった。そのうちインスタをフォローしあい、交流も深まった。

彼女は住まう先々で、自分なりの花を育て咲かせるのが上手な人なのだと思う。

夫の転勤で見知らぬ地に、仕事をやめてついていかねばならない妻はたくさんいる。その逆や、別居婚という選択肢はあれども、平日の孤独を感じる妻は少なくないだろう。

趣味やライフスタイルが、人生に新たな航路をもたらした印象的な実例であった。

［会社員・49歳（女性）・分譲マンション・3LDK・東京都。再入居9年・築年数43年。ひとり暮らし］

祖父母の愛したオーブンで今日もケーキを

生まれ育ったマンションに今はひとりで住んでいる。父が買い、祖父も住んだヴィンテージマンションだ。

両親は幼いころから海外暮らしが長い。彼女は一六歳までここに住み、一家でカナダに移住。四〇歳で単身帰国し、実家を守っている。

取材は、一年半を経ての再訪である。

古い建具や台所の設備をとても大切に使っている。築四〇年余に大半の住人がリフォームを重ねるなか、竣工時から備え付けの祖父母が愛用した旧式のオーブンや食器乾燥機が現役だった。買い物はつねに近所のスーパーを何軒も歩いて比較。ビビン麺のタレから焼菓子まで手作りが、ならいになっている。始末に暮らし、勝手に想像していた贅沢なライフスタイルとはまるで違った。乳児院の「週末里親」というボランティアで預かった二歳の男の子との別れを語るときは、たびたび涙で声がつまった。言外からも伝わるあたたかいものに、いつかまた取材で訪ねたいと思っていたひとりなのであった。

全力で子どもを愛した日々の喪失を経て、変化があった。

私はもの静かな中型犬と一緒に出迎えられた。去年から、保護犬の預かりボランティアを引き受けているという。

マスクを外した大人を知らない子どもたち

「知り合いが、数週間後に殺処分されてしまう犬を保護する活動をしていて、私は新しい飼い主さんが見つかるまで、一時預かるというボランティアをしています。この子は、激しいアレルギーのため食べられるものが少なく、草もだめなのです。散歩もコンクリートのほうが向いているので、都会に住んでいる方に引き取ってもらえるといいのですが、大きいとなかなか、ね……」

過去に預かった犬は、彼女の友達や散歩で出会った人にもらわれていったことも。

一週間前にやってきた今の犬はひどくおとなしく、まだ一度も吠えたことがない。

「人間に気を遣って生きてきたんでしょうね。安心して、もっと吠えてくれたほうが嬉しいです」

かつて、カナダの実家で長く人生をともにした犬二匹の最期を、見届けられなかった。ひとり東京で、強烈な悲しみを味わい、抜け出せない時期が続いた。

「つらいことはたくさんあるけど、じゃあ悲しみがないから人生ハッピーかっていうと、そうじゃないんですよね。面倒を見るのは大変ですし、新しい飼い主が決まったら決まったで、お別れはつらい。でも命をつなげることに勝る喜びはない。自分の悲しみを乗り越え、なんとか命をつなげられたと、心の底から満たされます。だから、続けていられます」

じつはもうすぐ、乳児院の週末里親も再開できることになったと目を輝かせる。コロナ禍の感染対策でストップしていた制度が再開になったのだ。面会ボランティアを重ね、週末に一度、二泊三日預かる子の受け持ちも決まった。

コロナ禍前に預かっていた二歳の子には、台所で野菜や果物をひとつひとつ触らせ、教えた。

「これがキュウリっていうんだよ」

「ほら、かぼちゃの表面はゴツゴツしているね」

集団生活のため、子どもは、食材を切った状態でしか見ていない。レストランやスーパーなど、乳児院では得られにくい社会経験を体験させたかったのだ。

祖父母の愛したオーブンで今日もケーキを

だが、制度上、単身者は家族世帯より里親に選ばれにくい。前述の男児は、別の里親家庭に引き取られることが決まり、突然別れを告げられてからの三年間は、ことあるごとに思い出しては泣いたと、かつて語っていた。

「今の乳児は、コロナ禍に生まれています。乳児院では感染は命取りなので、保育士や看護師はみなマスクをします。だからマスクを外した大人の顔を知らないそうなんです。大人同士でも、マスクをしていたら表情を読めませんよね。人って、顔を通したコミュニケーションで心を読むものだと思うんです。この人怒ってるんだなとか、笑っているけど本当は悲しいんだなとか。人の感情がわからなくなるというのは深刻な問題ですよね」

歯磨き指導で、保育士がマスクを外して教えようとすると、子どもたちはじーっと、不思議そうに顔を眺めている。そんな話を乳児院で聞いた彼女は、胸が苦しくなった。

「だから早くうちで、マスクをしていない大人の顔を見せてあげたいんです」

家具や器もリサイクル

親子三代住み継いだマンションは、外国人向けに建てられた、凝った作りが特徴だ。

台所の収納扉はレリーフが施された無垢材で、引き出しの取っ手はアイアン、床には陶製のタイル。これらも竣工時のままである。

なかでも目を引くのは、大きな翡翠《ひすい》色の四つ口ガスオーブンと食器乾燥機だ。昔のアメリカ映画に出てきそうなレトロなフォルムで、壊れることなく今も現役。クリスマスにカナダから家族が来ると、ターキーを丸ごと焼く。この日は、ジャズリンゴのタルトと、バナナブレッドを二台同時に焼き上げていた。前者はリンゴの皮がつややかに、手作りのタルト生地はサックサク。後者はキャラメル色の生地がしっとりと絶妙な仕上がりだった。

台所に限らず、風呂やトイレも替えていない。ほかの住戸はリフォームを重ね、元の状態を守っているのは彼女以外に一、二戸しかないらしい。

「古い日本の建築物って本当に美しいのに、どうしてどんどん壊してしまうんでしょうね。羽澤ガーデン、飯倉の郵政省本庁舎の建物も大好きだったけど、なくなってしまった。私から見たら、飯倉の庁舎は文化財のレベル。日本の、壊しては似たようなものを作る建築の考えかたは、もったいないし悲しいですよね。欧米では、美しくて古いものほど価値が上がるので」

リビングのペルシャ絨毯は、散歩の途中、高級マンションの粗大ごみ置き場に捨てられていた。思わず立ち寄り、管理人さんに「すみません。いただいていいですか」と聞いた。

「端がぼろぼろだけど、上等な本物の織物で、まだまだ使える。どうぞと言われ、その場で車に乗せて帰りました。家でロールになっていたのを広げてみると、きれいなのがもう一枚入っていたんです！」

さらに彼女は素朴な疑問を投げかける。

「すばらしい家具やプランターも、よく捨てられています。古いからって捨てちゃうの、どうしてなんでしょうね。手入れすればまだ使えるし、私は傷やほころびはアンティークの味わいとして、そのまま使っています。日本では建築も、古いものより新築が好まれるでしょう？　古くていいものはたくさんあるのに。不思議です」

母は日本に帰化した中国人で、学生時代をアメリカで過ごした。父はイギリス、オーストラリアで育ち、彼女もカナダ歴が長い。両親の影響もあり日本を複眼で見られるために、気づきも多い。

「リサイクルショップも大好きで、コーヒーテーブルとアームチェアも、そこで買ったんですよ」

がむしゃらに働いた末に

料理にも、彼女のもったいない精神は生きている。市販のタレやドレッシングは、ひとり暮らしでは使い切れないので、食べられる分だけを手作りする。

「食材もオーガニックに越したことはないですが、わざわざ遠いところに買いに行ったり、取り寄せたりはしません。それよりもできるだけローカルなものが、楽で安心。旬のものは安いし、日本の産地のものはなんでもおいしくて質がいいですから」

料理も住まい方も自然体で、肩に力が入っていない。穴のあいた絨毯も、祖母が縫ったドレスタオルも、楽しく使い続ける。彼女の台所で気づいた。ピカピカ新しいものがほとんどない。

だれかがいいと言ったものではなく、自分の審美眼をものさしに集まった暮らしの道具や家具は、どれもぬくもりがある。その根底にあるものがなにか、彼女のこんな言葉から伝わった。

「二〇代は不動産の仕事で、お金もたくさんもらって、ブランドバッグからなにから買い続けました。でもどんなに買っても、心が空っぽなんですね。好きな仕事ではなかったから。ああ、モノで心は満たされないんだな、とやっと気づきました」

切り分けられたバナナブレッドとリンゴのタルトはどちらも素朴で、しかしバターや粗糖の風味が力強く、丁寧な味がした。

彼女そのもののような菓子だと思った。

朝日新聞デジタルでの連載一〇年の区切りに、沖縄を訪ねた。台所から戦争を語れる方に会いたいと思ったからだ。九一歳の琉球衣装店店主は、毎日浦添から国際通りに出勤し、今も孫のために毎日台所に立つ元気な女性だった。

〔自営業・91歳（女性）・戸建て・7LDK・浦添市。入居50年・築年数約50年。孫（36歳・会社員・男性）とのふたり暮らし〕

市場に毎日通勤する九一歳

土産物屋がずらりと並ぶ那覇市の国際通りの中心部から、南に二本のアーケードがある。ひとつは、第一牧志公設市場と観光客向けの店が多い市場本通り。もうひとつは地元密着型の小さな店が並ぶ平和通り。

それら一帯を地元では「市場」と呼ぶ。

住人は、義姉とここで琉球衣装店を約六〇年営んでいる。九一歳と九四歳。今も毎日一五時の閉店まで店に立つ。定休日は日曜のみだ。

浦添の自宅を九時に出て、一六時に戻る。

一一年前、夫に先立たれた彼女を、「おばあひとりでは心配だから」と孫の男性が同居を申し出た。

彼との夕食のために、朝、出かける前に、野菜を切っておいたり、大根と人参を下ゆでしたり「ちょっとした」下ごしらえをしておくという。

「仕事から帰って、すぐ作れるようにね。野菜の煮物に豚肉や油揚げを足すだけで一品になるから」

昼食も「ついでだから」と、自分と孫の分を作っている。

フルタイムで働いて、さらに昼も夜もとは、年齢からは想像もつかないバイタリティーだ。

「ビールも大好き。ネーネー（姉ぇ姉ぇ）飲みに行かない？って、市場の若い子にしょっちゅう誘われるの。一杯ならいいねーって行って、一杯が二杯に、二杯が三杯になるよね」

琉球衣装店は、戦後まもなく実家の母が始めた。

結婚式や踊りの発表会、料亭など、舞台衣装は昔から需要が高い。市場界隈で何度か移転をしながらきりもりする母を、彼女も手伝った。母亡き今は、義姉（九四歳）と継いでいる

というわけだ。

闇市から生まれた市場をずっと見てきた彼女は、戦後まもなくの光景をいまだに忘れられずにいる。

「疎開先の鹿児島から帰って、コザ（現・沖縄市）の高校に通っていたんです。通行禁止区域があったりなんかで自由に移動ができず、ずいぶん待たされてからやっと実家のある那覇に入ったら、一面焼け野原。市場あたりはドロドロでぬかるんでて呆然としました」

戦前は父が製糖会社勤務、母は織物を手掛け、家には「お手伝いさんもいた」。

しかし疎開から帰ると、実家には近寄れず、コザの親戚宅に一家六人で間借りをした。

那覇市は一九四四年一〇月の大空襲で市域の九〇%を焼失している。その後の沖縄戦でさらに被害は拡大。トタン屋根の一部屋でしのいだのも堪えたが、焦土になった故郷を見るのはどれほどの衝撃だったろう。

女性警察官一期生

彼女は沖縄の女性警察官第一期生である。

「高校卒業のころ、たまたま近所の人に警察学校の試験を受けるよう勧められてね。仕事は楽しかった。交通整理やら裁判の立ち会いやら。女性警察官が期待されていたから大事にされてね。それに応えようと、ほんとよく働きました」

ところが二二歳で結婚、翌年出産すると、働きながら育てる環境がなく苦しんだ。

「当時は子どもを預ける場所が近くにない。思えば、織物の仕事を手広くやっていた母には、お手伝いさんがいた。あの頃、女が働こうとすると、家政婦さんを雇わないと続けられなかったんです。仕事を続けたくて子守りを雇ったんだけど、嫁ぎ先や周りから叱られてね。本当に悔しかったけど辞めました」

第三子を出産後は、実家の母の琉球衣装店を手伝うようになった。

沖縄の本土復帰時は、四一歳である。

それまで、大雨のたびに腰まで浸水。移動も、店の後片付けにも大変な手を取られた。復帰後、やっと整備され、雨のたびに街が水につかることがなくなり、それだけでも「復帰はありがたかった」。

とくに復帰後は催事が増えていき、店も大繁盛。以降、コロナ禍をのぞき、今日まで続いている。

九〇代の名物姉妹は市場の人に愛されながら毎日、元気に働いている。しかし、憂いがなにもないかというとそうではない。

客間の目立つ欄間《らんま》に飾られた「昔を偲《しの》び今を知り未来を語る」という古い額を撮影した。それについて尋ねると、とたんに目に強い光が宿り始めた。

「復帰運動をしていた親戚が書いてくれたもの。沖縄が歩んだ過去から学び未来に生かそうという意味。今は平和だよね。でも危うい平和。誰でも辛いことは早く忘れたいし、話すことも辛いから、沖縄の人はあんまり戦争の本当のところは言わない。体験者も減ってるから、私らが戦争の話をしても若い人から〝作り話か？〟って言われるくらい。命《ぬち》どぅ宝（命こそ宝）、ですよ」

インタビューの中盤まで、「うちの台所なんて何も撮るとこないよ」と、言葉少なだった。ゆでた野菜や豚足の下ごしらえがつまった冷蔵庫も「みんなやってる。私のなんてたいしたことないよ」と、しきりに恥ずかしがっていた。

同じ人かと思うほど、言葉に熱がこもる。

今伝えなければという思いが、彼女を奮い立たせているように見えた。

選挙が終わればノーサイド

「選挙になると今でも真っぷたつになるの。基地に反対か賛成か、保守か革新か。親戚、親兄弟でも意見が違う。だから親しい人ほど、ふだんは政治の話をしたがらない。そのかわり、ひとたび意見が同じだとわかると、ものすごく仲良くなるの。私なんてたまたま乗ったタクシーの運転手と支持する人が同じで意気投合して、一〇年経った今でもお互いの誕生会に呼

び合ってるくらい」

基地について議論を交わした相手の親族に、そこで働いている人がいるかもしれない。ふだん軽々しく言えないのは、沖縄に限ったことではないだろう。

しかし、選挙になると、様相は一変するらしい。

誰が誰を応援しているか、一目瞭然になる。そして選挙が終わったらノーサイド。分け隔てなく付き合うのだと。

「復帰前の市場なんて、勢いがすごかったよね。公設市場のロータリーは、よく演説が行われていた場所。アメリカに対して抵抗運動をしていた候補者が来たときは、たくさんの人が店から洗面器持って飛び出して、必死でそれたたいて応援したさ。市場は、沖縄の台所。人も集まる。市場の人をつかめば、主婦の心をつかめるって言われていたんです」

孫が仕事から帰宅した。さあ、夕食の支度をしなくては。家事に、店に、市場の若者との付き合い、現在の住まいのご近所付き合いもある。私が想像するよりはるかに忙しい九一歳の彼女は、靴を履く私に玄関先で言った。

「沖縄の過去は永遠に消えない。だから元気に働いているうちは、平和のこと若い人たちに伝えていかないと、と思ってるよ」

沖縄二軒目は移住した若者の台所だ。なぜ、いつ、どんなふうに。そして実際の暮らしは。ふだんは地方から上京した人を取材している。今回はその逆だ。都会から地方に軸足を置いてまもない女性は、驚くほど沖縄の小さな村暮らしに馴染んでいた——。

〔役場職員・23歳（女性）・賃貸マンション・2DK・島尻郡。入居3カ月・築年数23年。ひとり暮らし〕

「東京以外」を選んだ二三歳の冷蔵庫

二三歳の彼女は、東京都世田谷区で生まれ育った。

短大卒業後は渋谷のデザイン事務所に就職。実家から通った。

「華やかな世界で、キラキラして、憧れがありました。でもいざやってみると、あれ？と。ワクワクしない。じつは自分は大きなクライアントに向けて仕事をするより、もっと近い相手と仕事をするほうが好きなのかもと思いはじめ、悩みました」

納期に追われ、終電帰りのハードな毎日が続いた二年後。

突然、山梨で働くことになる。

「会社が山梨でカフェを経営することになり、オープニングスタッフを任されたのです。本社から出向したのは私ひとり。あとは新規事業のタイミングで現地採用された女性ふたりと、平屋に住んで。料理は好きでしたが、飲食もホールの接客経験もないし、共同生活の相手は初対面だし。毎日が無我夢中。でも、すっごく楽しかったんです」

バタバタと忙しく、東京のときより肉体的には疲れる。最初からうまくいくはずもなく、失敗やトラブルもある。コミュニティーも狭い。

だが、体を動かし、目の前にいる人に喜んでもらうためゼロから作る仕事は、疲れの質が違った。

一九時に店を閉めると、近くの湖をドライブしたり、散歩したり、自然のなかに身を置くひとときを持てた。それもまた、気持ちの切り替えに役立った。

彼女は、ストレスをためこまず、心地よく働けた理由をさらにこう振り返る。

「たった三年間であっても、一度社会で揉まれた経験も大きかった」

自分に向いていないかもと悩む日々にも、学びがあった。多様なクライアントとの仕事体験は、自分の適性を知るきっかけになっていた。

ところが三年後、突然LINEで、運営元変更による営業終了の知らせが届く。

「LINE一本で終わってしまう虚しさもですが、また東京でがつがつ、デザインの世界で頑張ろうという気持ちになれなかった。戻るか、辞めるか。今決めるときだと思いました」

転職しよう。じゃあどんな仕事を？　自問自答をする。

だいそれた肩書や、華やかな仕事でなくていい。

知り合いがひとりもいない山梨で、どうにか生きてこられた。東京でないところで、働きながら生きていく選択肢もあるのではないか。そしてこれからは、相手の喜びが見えるような近い距離感で、仕事をしたい。

そんな発想から、離島の地域おこし協力隊を探し、彼女は地域を定めず、当時募集のあった地域にすぐさま応募した。

それが沖縄県島尻郡だった。退職届を出した一週間後のことである。

「失業保険をもらってゆっくりする手もあったんでしょうが、私は体や五感を使って働いていないと無理。でないと、自分にいくらでも甘えてしまいますから」

〝ちょい古〟の部屋

ひと月後、彼女は沖縄にいた。

「東京以外」を選んだ二三歳の冷蔵庫

東京でネットだけで決めたという住まいは、築二三年の賃貸マンションだ。ベランダの鉄の手すりは潮で錆びている。高台で遠くに海が見える。

役場の職員からは、規定の家賃よりはるかに安く、エレベーターもない古びた部屋にするのを最後まで心配された。

「もっときれいなマンション、探したらいいのに」と。

私も、ガス台が二穴の古いテーブルタイプの台所を撮影しながら、「移住してきた二三歳の女性ひとり暮らしにしては、質素だなと、率直に思った。

彼女は、物件を決めた理由を語る。

「観光客ではないので。まず地元の人の普通の暮らしを見たかった。ピカピカのマンションに住める層の人は偏っているでしょうし、エレベーターで自分の部屋まで行ったら、誰にも会えませんもんね。それに、私はもともとインテリアでもなんでも、〝ちょい古〟が大好きなんです」

壁にはアイドル全盛期の小泉今日子や松田聖子のポスターが。赤いラジカセとポータブルレコードプレーヤーも現役だ。

「八〇年代のカルチャーが好き。あの時代は、もはやファンタジー。振り切り方がぶっとんでいる。頑張りすぎていていいですよね」

何人応募者があったのか、今でも役所の人は笑って教えてくれないと言うが、自治体が彼女を採用した気持ちが、台所や住まいを見ただけでも少しわかる気がした。

まだ移住して三カ月。

沖縄には多様なオリジナルの味噌があること。「おきめい」と呼ばれる沖縄明治乳業のアイスやお菓子が、コンビニ・スーパーで広く愛されていること。人によって、お気に入りの黒糖のメーカーが違うことなど、今はひとつひとつ暮らしの知識を増やしている最中だ。

担当している町は、彼女から見たらゆたかな観光資源が多いのに、その名をあまり知られず、移住者も少ない。

「そこが歯がゆいし、私が頑張らなきゃいけないところだと思っています。住んでいる人と観光客のニーズの違いも大きい。イーブンにするにはどうしたらいいのか。人の口説き方を考えることが、私の最初の仕事かもしれません」

少ないから見えること

料理は好きで、昼の休憩時間も家に帰って食べる。ソムタム（パパイヤのサラダ）など、野菜の作り置きを欠かさない。

「パパイヤが安いんですよ。味が渋いフルーツとか、見たこともない野菜や果実がたくさんあるから、今はまず買って、味を知るというところから始めています」

食堂が多いのにも驚いた。

「東京って、食堂が少ないですよね。家賃に利益が見合わないから。沖縄は安くておいしくて、子どもからお年寄りまで気軽に入れる食堂がすごく多いんです。これは貴重な食文化だなあと思う。味も濃すぎず、なんだか安らぐ。なんでだろうと考えて、かつおだしのせいじゃないかと。家庭料理って、だしの存在感が大きい。しっかりだしをとって、調味料は足しすぎないんです」

食堂や居酒屋では、仕事で気づきにくいコミュニティーごとの特性が、垣間見えることもある。

「子どもの頃から遊んだ三茶（三軒茶屋）も、東京で暮らす両親のことも、旧友も大好きです。でも東京は広すぎて、なんでもありすぎる。ライブ、イベント、人、文化、コミュニティー。広いけど浅くなりがちでもある。この町は、新しい人付き合いってそんなにないんです。同じ趣味や嗜好で、つながることとかほとんどない。ここでは選択肢が少ないからこそ、はっきりと自分の好きなものが見えてくる。人が少ない分、ちゃんと話して相手を知りたいし、仲良くなりたいです」

夕方仕事が終わるので、家での時間が長くなった。街に出ることも多いが、料理や手芸、イラストに打ち込む時間も増えた。

「沖縄の暮らしから生まれた伝統料理を、たくさん知っていきたいです」

「東京以外」を選んだ二三歳の冷蔵庫

今週は父が遊びに来ていて、入れ替わりに、来週は母が来るという。

山梨時代は、毎週末実家に帰っていた。今度は、自分の台所で両親を癒やす。沖縄で、新しい家族の時間がかたち作られようとしている。

冷蔵庫に、作りおきのキャロットラペ、紫キャベツの塩もみ、ソムタムがきっちり並んでいた。

これから幾多の試練があろうが、地のもので自分の食べるものを日常的に作っている人ならちょっとやそっとのことでも大丈夫ではないかと、私は勝手に安心しながら台所をあとにした。

III

社会とつながる

〔公務員・32歳（女性）・賃貸マンション・1R・小田急線・経堂駅・世田谷区。入居4年・築年数8年。ひとり暮らし〕

結婚と残業

念願かなって就いた霞が関の職場で、同僚がバタバタと辞めていく。若いほど離職率が高い。月間の残業は一〇〇時間を超えていた。広告代理店の新入社員が過労自殺したニュースも、上司は「うちらはあんなもんじゃない」と、意に介さなかった。もっと働いているという意味である。

社会人八年目。ともに頑張ってきた同期が体の不調や結婚、転職で去っていくなか、彼女も心がゆらぎ始めた。そんなとき、突然コロナ禍に突入する。

「すべてが変わりましたね。国会期間のような繁忙期は深夜、タクシーで帰るような生活だったのが、いきなり在宅ワークになった。残業がなくなり、一九時すぎから家で料理ができ

結婚と残業

る。なにより飲み会がなくなったのは大きいです」

それまで上司との飲み会は常時で、忙しい大きな仕事のときほど仕事終わりに付き合わされた。飲まないと一日が終わらないような雰囲気さえあった。

「途中で帰ります、なんて絶対言えない。職場が体質的に古いんでしょうね。若手が店を押さえて幹事をする。四〇人の大所帯で飲むのでお店探しも大変で。本当はお酒より、早く帰って寝たかった」

それがぱたりとなくなった。疲れ切って寝るだけで終わっていた土日を、住まいの手入れや家事に使えるようになった。

「もともと北欧の器や家具が好き。料理を中学生の頃からやっていて、台所道具を吟味したり、家事や収納のアイデアを紹介するSNSや動画を見たりするのも大好きなんです」

こつこつと、こだわりの台所道具を買いそろえた。菓子を焼き、夜は自炊のあと、ゆったり好きな紅茶を淹《い》れる。

コロナ禍後、在宅勤務が週三から週一に。職場に戻ると、上司も全体のムードも大きく変化していた。

「どんどん人が辞めていく状況を、かつて上の人たちは受け入れられなかったんだと思います。でもいよいよ、改善しなくてはいけないとはっきり気づいた。残業もほぼなくなり、月一〇時間程度に。感染防止で、飲み会も年度の節目だけになった。ほかにも、いろんな場面で、ひとりひとりの意志を大切にされていると感じることが増えました」

もっともそう感じる象徴的なできごとがあった。

婚活の末、最近結婚が決まった。長めの出張が頻繁にある彼女は、上司に打ち明けた。

「結婚後は今まで通りの頻度で出張に行くのが難しいです」

「わかりました。家庭と両立ができるように、困ったことがあればなんでも相談してください。できる限り配慮します」

四年前ならとても言えなかったと振り返る。働き方改革を、対岸の火事のごとく見ていた上司たちが一丸となって、人を大切にしようと動き出している。

彼女は思った。職場がいい方向に変革している。今辞めたらもったいない。

結婚相談所で見えてきた「自分」

結婚相談所を利用して婚活をした。出会って三ヵ月目に求婚され、来冬に結婚する。

「はたから、大丈夫かと言われます。当然なんです、出会って一年も経っていないので。でも結婚相談所で出会うと、最初から会話が違って、意思確認が早いんです。将来どう生きたいか。子どもは。働き方は。お金はどうする？　老後の考え方は。ふつう初めて会った人と、ふみこんだ将来の話なんてできないですよね。私は、はっきりしていいなと思いました」

職場に、相談所で出会った人と睦まじく暮らしている先輩がいて、興味を持ったのがきっかけだ。安くはない入会費には逡巡があったが、想像以上にたくさんの気づきがあった。

「カフェやオンラインなどで、一五、六人とお見合いをしました。そこから仮交際時期を経てひとりに絞っていく。いろんな人と話しながら、自分が見えてくるんですね。私はこういう人だと心地よくいられるんだなと。それは今まで付き合ってきた人とは違った。ひとりの人と長く付き合っていたら気づけないことでした」

出張の多い彼女を慮《おもんばか》り、夫となる人は「僕は在宅仕事だから、家事をがんばるね」と今から張り切っているらしい。

別の気づきもあった。

「男性は女性会員と違って、最初から年収を提示しなければならないんです。こんな表現はあれですが、それらを拝見して、ああ私はたくさんいただいていたんだなと。育休も産休も整っている。自分で自由に使えるお金も居場所もある。当たり前と思っていたことが恵まれていたんだと、あらためて感謝の思いが強まりました」

コロナ禍で暮らしを整え、心に余裕ができ、恋愛にも目を向けるようになった結果、伴侶も得た。職場に戻ると、遅ればせながらも真剣に働き方改革を目指す人たちがいた。

そこで、今だからこそわかる学びがあった。

「困ったとき、上司は必ず親身になって相談に乗ってくれます。上司が部下の面倒を熱心に見る文化がまだ残っている。こういう関係は、離職して簡単に得られるものでありません」

困ったときにすぐ助け合えるのは、在宅仕事にはない美徳でもある。「古い体質」は、悪いことばかりではなかった。

残業が続いていた頃、過労とストレスでメニエール病になって以来、食事には気をつけている。

「ご飯とお味噌汁、野菜が食べられないと肌が荒れるので、コンビニのものですますことはないですね。平日は外食もしません。なにより、料理をするとホッとするんです。もう寝なきゃと思いながら、深夜まで無心でクッキーやケーキを焼くこともあるくらいで」

共働きの新生活が始まる。心地よく働き続けるために決めた信条はふたつ。

「健康第一と、無理しないことです」

『東京の台所』では、彼女と同じ職場の人を複数取材してきた。全員、男女問わずけた違いのオーバーワークという点が共通していた。平日は寝に帰るだけなので料理は諦めていると語る人、メンタルに関わる病気を経験した人もいた。

初めて、足もとの働き方改革を肌感覚で知る取材になった。

コロナ禍と婚活で、思わぬ人生の扉を開けた官職の彼女が、胸襟《きょうきん》を開いて話してくれたことに感謝したい。

結婚と残業

〔小学校教員・37歳（女性）・賃貸マンション・3LDK・西武池袋線・東久留米駅・東久留米市。入居7年・築年数33年。夫（会社員・39歳）、長女（8歳）、次女（4歳）との4人暮らし〕

教員の、台所に立てる日立てない日

賃貸マンションの階下の家が火事になり、家中煤《すす》だらけになった。室内、壁、ソファ、自分の洋服。なにをしても燻《いぶ》した臭いがしみついて、とれない。煙害は保険や弁償の対象にならず、耐えきれなくなって急きょ、自費で転居した。七年前のことだ。

当時一歳の長女を抱えた共働きで、彼女は小学校教員に復職していた。物件を比較している時間がなく、内見二軒で決めたという。

「古いですが、急いで決めたわりには明るくて、カウンターキッチンもある。料理をしながら家族の様子が見えるので気に入っています」

ダイニング側のカウンター下には、大小の紙袋が四つぶら下がっている。そこに菓子、薬、文具などを分類。大きな家具はなるべく持たず、紙袋は汚れたら取り換える。

教員の、台所に立てる日立てない日

大きな食洗機は、あえて上にものを置けるタイプを選び、ふだん使いのマグを並べる。シンク横の壁には、一〇〇円ショップの使い捨てのビニール手袋をセットし、皿洗いのたびに取り出せる。

収納の工夫があちこちに見える台所だが、今も時々ここに立てない日があるという。

「長女の授乳をきっかけに、摂食障害が始まりまして。いっとき、料理をする気力を持てない、起きられない日もありました」

それでも育児と教職を両立させながら頑張ったが去年夏、とうとう休職した。

「早く戻りたいと焦る気持ちと、体調は気候や気圧でも変わって波があるのでまだ踏み切れない気持ちと。今は両方が入り混じっています」

ハキハキした明るい口調、艶《つや》のある長い髪に大きな瞳。どんな服も似合いそうなスレンダーな体形は、けして痩せ過ぎではない。八年も摂食障害と戦ってきた人とは思えず、見た目でわからないこの病気の難しさの一端を、垣間見た気がした。

やってもやっても仕事が終わらない毎日

学生時代は今より二〇キロ多く、帰省のときに親に「太ってる」と言われたことが長く心に引っかかっていた。

長女に母乳を与えていると、自然に体重が落ちた。

痩せるのが快感になり、職場の給食をのぞいて、自宅では決まったものしか食べなくなった。

冷凍ブルーベリー、キャベツの千切りにゼロカロリーのドレッシングをかけたサラダ、グリコのアーモンドミルクがそれだ。

半年で一〇キロ落ちたが、生理が止まった。再び太るのが怖くて食べられない。遅く帰宅する夫とは食事時間が別のため、気づかれなかった。

「子どもの離乳食は、〝大丈夫？〟と人から心配されるほど、ストイックにこだわっていました。だしをとって、魚はさばくところから。仕事から帰るとすぐ台所に立って、ブレンダーで茹で野菜を潰して。でも、自分はカロリーの低いものだけを食べるのです」

七時一五分に家を出て、一六時前就了の時短勤務に。しかし、仕事が終わらないので、家に持ち帰る。子どもになにか話しかけられても、上の空になりがちだった。

「保護者からのクレームや要望があると、抱っこしながら、あやしながら、お風呂に入れながら、料理しながら、頭の隅でずっとその対応を考えています。なにか娘に聞かれても、つい〝ちょっと待ってて〟って言ってしまうんですよね。そういう自分にだんだんジレンマがつのっていきました」

仕事もできていない。子どもとも向き合えていない。何もできていないじゃないか私は。

自分を責める日が続いた。

なにごともつい頑張りすぎてしまうタイプ、と自己分析する。「職場には、意識が高くなく、仕事ができない人もいる。すると、評価の高い人にどうしても任務が集中してしまうのです」。

産後復帰して五年目には管理職を任せられ、ますます多忙を極めていた。

「教員って社会を知らないというか、新しいことをしたがらないんですよね。たとえばタブレットやエクセルや新しいアプリ。いまだにセキュリティーがどうのと言って、大半が紙ベースです。でも市町村などの公的機関にはメールやデータ化して提出します。つまり様々な作業に、二重の手間がかかるのです」

前述の通り、親からの要望も年々増す一方だ。

夫も、料理や家事をやる。だが時短で早く帰ることができる彼女のほうが圧倒的に、育児を担う時間が多い。

梅雨どきのある日。

過呼吸と肋間《ろっかん》神経痛で、うつぶせのまま起きられなくなった。おおごとにしたがらない彼女に、「それ普通じゃないよ！」と夫は叫び、救急車を呼んだ。

診断は、適応障害だった。

家族と同僚と教え子、三方に申し訳ない気持ちで休職を申し出た。

強制的なリフレッシュ

日中、宿題を見られる幸せ。三色そぼろ丼にする気力がなく、肉そぼろと玉子の二食丼でも「ママの料理、おいしい！」と、満面の笑みで子どもたちに言われたときのありがたさ。

食育のこだわりはとうに手放し、状況に応じて冷凍食品やレトルト、ファストフードのテイクアウトも利用するようになった。自分も家族も笑顔になれるならそれでいい。

初めてしみじみと、ゆったりした時の流れから生まれるささやかな喜びを実感している。

とはいえ、体調によってはそう思えない日もまだあり、季節によっても波があるという。

「半年前の冬は家から一歩も出られませんでした。夜は悪夢で二時、三時に目覚めてそのまま寝付けない。せっかく休ませてもらっているのに、ちっとも良くなってないじゃないかと、つらく思うこともありますし、何も楽しいと感じられない日もあります」

五月、妹の結婚式のためひとりで遠出をした。忘れかけていた旅の楽しさを思い出し、落ち込みから抜け出すきっかけになった。

夫は、新婚時代から、頑張り屋の彼女が煮詰まっているのを見ると「どっか行ってきたら？」と、絶妙のタイミングで声をかける。

海とショッピングと旅行が好きな彼女に、一泊でもいいから好きなところに行っておいでよ、と。

「仕事をしていたときから月に一度くらい、都内のラグジュアリーなホテルにひとりで泊まるのがリフレッシュになっていました。近々またひとりで都心のいいホテルに泊まりたいですね」

妹の結婚式もそうだったが、ホテルや旅行のいいところは、前もって予約するため、強制的にリフレッシュの機会になることだ。

穏やかな表情で彼女は俯瞰するように言った。

「この休職中の課題は、私自身が家族以外で好きなモノ・コトを見つけることかもしれません」

最近は、参鶏湯《サムゲタン》や手羽元の煮込みをよく作る。好きな音楽を聴きながら黙々と料理をする時間も、小さなリフレッシュになっている。

その後、摂食障害のほうは。

「気づいたら自然に食べていて、症状が収まっていました。自分を表すのは、体重やカロリーじゃないんですよね。数字だけを気にしていると、簡単に自己否定につながってしまう。ちょっと危険だなと思いかけたら、夫に聞きます。〝私、太ってない?〟、彼は〝太っていないよ〟。じゃあいいやって、ほっとする。おかげで食事量が安定してきました」

職場で心身を壊してしまったが、いっぽうでかけがえのない発見もたくさんあった。

「お子さんの病気とか反抗期とか、子育てに苦労されている親御さんをたくさん見てきました。私の苦労なんて足元にも及びません。娘たちは、風邪ひとつ引かず、なんとかのびのび育ってくれている。それだけでありがたいですし、逃げずに一生懸命向き合っている親御さんたちの姿から、学んだことはとても大きいです」

小学校で英語の授業が導入されて久しい。それに備え、日中は英語をオンラインで勉強している。

「じつは全然喋れない教師も多いので。自分が喋れるようになった状態で教えたいです」

倒れてもなお、職務の向上を考え続けている。

彼女のように、たった今、部屋や台所のどこかで、教壇に立ちたくても立てない、ままならぬ時間を過ごしている教職者は、どれだけいることだろう。

苦しんだ時間がきっと生かされる日が来ると、祈るような思いで彼女の台所を見つめた。

［公務員・58歳（女性）・分譲マンション・1LDK・東急大井町線・上野毛駅・世田谷区。入居4年・築年数10年。長女（19歳・留学中）とのふたり暮らし］

紛争地域の心をつなぐ料理

外資系ホテルで働きながら英語を習得した。マレーシアに続き、中国では北京と上海でホテルの立ち上げに関わる。住まいとして、ホテルの居室が与えられた。

ある日、上海の一室で読んでいた新聞記事に釘付けになった。

「コソボ紛争による難民の写真が載っていました。自分はきらびやかなホテルでなんの苦労もない日々を過ごしながら、この記事を読んでいる。唐突なんですがその瞬間、ものすごく強い衝動でこの人たちの役に立ちたい、国連ボランティアの仕事をしたいと思い立ったのです」

これまで一部の富裕層のために使ってきた自分のスキルを、もっと広い視野で社会から取りこぼされた人たちのために生かしたい。異国でゼロからホテル開業に携わった経験は、紛争地域でも生かせるはずだと考えた。

三四歳秋。彼女は迷いなく退職し、当時募集していた国連ボランティアに応募、三カ月、一年、二年と短期で契約更改するかたちでコソボに赴いた。

会わない恋人

「現地では各国から派遣されたボランティアと協力しながら、緊急援助物資の配給システムを作ったり、破壊された施設を修復、機能させたり。早朝から日が暮れるまで働きづめで、暫定的に国連が統治していた行政機能を現地政府に移管していく作業に携わりました」

従事する過程で、国連職員のセネガル人と知り合い、誠実な仕事ぶりに惹かれて交際。四年後、妊娠する。激務をこなせないため、やむなくボランティアを退き、さらに国際政治の学びを深めるためオーストリアの大学院へ。

同居はせず、事実婚というスタイルをとった。

「私は一度、学生時代に知り合った人と離婚を経験していますので。また、両親の反対もあり、相手に迷惑をかけると思いました」

子どもがいてもやりたいことがある。国際援助の仕事を続けたいという志は彼も一緒だ。

互いの想いを突き詰めると、住む場所は世界のあちこちになり、共同生活は望めない。双方納得の上で決めた。

無事女児を出産。子育ては彼女が、そのかわり教育費を彼が引き受け、現在まで育児の良き相談相手、お喋り相手の関係が続いている。

「今も毎日オンラインで話します。お互い六〇手前までよく続いたなあと。いちばん楽ですし、私がいつメールを送っても必ず返信がきて、一度も無視がない。娘も長期休みは会いに行きます。私が今どんな状況かわかりあえている人が、この世にひとりいるというのは安らぎますね」

日本で恋人はという私の俗な質問に、あははと豪快に笑った。「彼とずっとそんな関係だから、ほかに恋人を作りたいと思わなかったのかもしれませんね」

オーストリアの後も、親戚に助けてもらったり、全寮制の寄宿学校を利用したり、育児の綱渡りをしながら、子連れでイラン、ヨルダン、アンゴラと紛争地域のミッションに一〇年間打ち込んだ。

四八歳で、一〇歳の娘と帰国。

「五〇を目前にして、女性で医師免許や博士号を持っていない立場で契約を取っていく生活に不安があったのと、一定期間ちゃんと娘と向き合って暮らす必要性を感じたからです」

しばらく東京で就職活動をした後、地方自治体の国際交流センター事業の職を得る。

現在の住まいは、五年前に買った。一九歳の娘は現在、アメリカの大学に留学している。

日本でも会食以外はほとんど自炊で、外食をしない。そのかわり、家での宴会をよくやる。

「暮らしてきた国々の習慣が大きいですね。どうしても外でのご飯はおいしくないから、自炊の癖がついている。たとえばイランは、店でお酒が出ません。だから大事な友だちは、家に招く文化があります。現地の日本人もそう。招いたら招き返す。そうやって交流を深めていく。中東で、ひとりで四〇人招いたことがありますよ、大鍋でカレーを作って、あとは持ち寄りで」

日本での暮らしは二〇年のブランクがある。フェイスブックからたどって学生時代の友だちに、うちにこないかと声をかけた。家なら、安くおいしいものを食べられるという利点もある。

「月に一度、五人で集まるようになりました。夜はつい長くなってしまうので、いつからかランチと決めて。アラフィフの五人って、すごく楽しいんですよ。独身、子育てが終わった人、夫を亡くされた人、親の介護で疲れている人。いろんな事情でふだんはそんなに凝った料理を作れないことが多い。ひとりだと揚げ物もしない。ケーキを作っても食べ切れない。でも五人だとふだんできない料理を多品種並べられる。それがいいんですよね」

子育てや仕事など、三〇代、四〇代なら張り合ってしまうところを、様々な人生経験を積んでひと息つく五〇代なら、たしかに肩の力を抜いて付き合えるのかもしれない。

この日は、友達とふたりでランチをしていた。たまたまあった黒米を炊いて、トマト味の野菜ソースをトッピング。無水鍋で焼いたスペアリブはやわらかく、ローズマリーの香りがたっていた。

「なんてことのない名もなき料理です。お友達の料理はそりゃあすごいんです。レモンのパウンドケーキなんて、お店で売りたいくらい。こんなのが毎回食べられるなんて、ほんとぜいたくでしょう!」

ホスト役が気取りすぎると招かれる方は疲れるが、彼女のざっくばらんで鷹揚な人柄なら、集まりたくなるだろうなと思った。何しろこの日も、取材で我々が到着するなり、自己紹介をする前に満面の笑みで誘われた。「よかったらランチ食べていきません?」。

忘れ得ぬピザ

紛争ミッションにおいて、「料理はとても大切な技術である」と彼女は言う。それを強く実感したのは、アフガニスタン・バーミヤン地区で働いていた時に作ったピザだった。

アフガン紛争で荒れていた彼《か》の地での任務は、まず自分の住む家を現地の人と作るところから始まる過酷な環境だ。

「国際援助のスタッフは世界各国から集まった多国籍チーム。日本人は私ひとりでした。乾

紛争地域の心をつなぐ料理

期と激しい雨の繰り返しの中、反政府勢力の攻撃の危険と隣り合わせで常に緊張感があり、食材もろくにない。精神的に病んでいくスタッフが続出しました。みんなピリピリして、ささいなことでいさかいが起こることもしょっちゅう。誰もがあと何日で休暇か、指折り数えるなか、ある日私が共同の炊事場で、粉を捏《こ》ねていたんです」

イーストはない。粉と水を混ぜただけの生地を捏ねる。

「何作ってんの」

「俺もやる」

次々とスタッフが集まってきては手伝い始めた。

もちろんピザソースもないので、トッピングにはトマトと玉ねぎとチーズを。一枚一枚窯で焼くシンプルなピザだった。

結果一〇人で輪になって、焼きたてを頬張った。

「一〇人全員がふわっとなごんで。ああ、料理ってすごいな。言語も宗教もなんにも関係ない。料理は人をつなげるなって思ったんです」

どんなに疲れていても、豪華な食材でなくても、おいしければ人の心は丸くなる。

「私はそこで救われたし、人間関係を動かす上で料理の力は大きい。同時に料理の技術は非常に大切だと学びました。紛争後いまだ苦しむ人にとっても、食を通して人生を語るような体験は有効ではと考えています」

彼女いわく「ふくらまないペラペラのピザ」は、とてつもなくおいしかったらしい。取材時に供された、思いつきで作ったという黒米のメインディッシュは歯ごたえが楽しく、いくらでも食べられそうだった。粉と水だけのピザは、そんな彼女の名もなき料理のルーツのひとつだ。そう、たしかに料理は人をつなぐ。

彼女は現在、請われて省庁に転職した。

「今が自分の人生でいちばん生活費も安定していて、ゆっくり料理もできます」と笑う。だが、買ったマンションの荷物は最小限、台所にも高価な家電はない。もっとやりたいことができたらこれからもどこかの国に行くかもしれないし、つねに身軽でいたいから、安い家具でいいらしい。「まだ、なにも成し遂げていないと思うので」。

たまたま夏休みで帰国していた娘に、お母さんはどんな人かと尋ねた。

「小さい時はよく喧嘩したけど、高校生になったらベストフレンド。母にも自分の問題があるってわかってきた。ひとりの人間なんだなって」

子どもを抱えての仕事人生は簡単に語れず、苦難も多かったに違いないが、彼女がどれだけ全力で子どもと、そして自分の人生と向き合ってきたかが伝わる、尊いひとことであった。

〔NPO代表・70歳（女性）・分譲マンション・2K・大江戸線・若松河田駅・新宿区。入居10年・築年数約50年。ひとり暮らし〕

喪失を癒やす料理教室

「てんぐさからところてんを作ってみたの。これ、押してみて」

インタビューがひと息ついた頃合いで、カズコさんはやおら立ち上がり、台所から長方形の木製突き器と小鉢をさし出した。さあ、お茶にしましょうと。

私は恐る恐る長四角の枠を持ち、棒を押すとにゅるりとところてんが鉢の上に躍り出た。

「わあ、おもしろい。初めてやりました！」と感嘆すると、彼女はにっこり。

「ね、楽しいでしょう。親御さんたちも、ところてんを突くところからやると、みんな目を丸くするの。こんなの初めて！って。道具を触ったことがない人もいる。てんぐさってこんなに安いの？　あんみつ屋さんぼったくりだーなんて誰かが言って、みんなで笑う。私はカウンセラーでもないし、料理ごときでお子さんを亡くした親御さんの心を慰められるはずもない。でも、手を動かして、こんなんでもないことでも楽しいね、おいしいねっていう時間が大事だと思うんです」

保育士を経て、病気の子どもと家族を支えるボランティアを三三年続けている。新宿区の高度小児医療を行う病院近くにマンションの一室を借り、入院児やその兄弟の遊び相手、家族の交流、長期入院の子どもに付き添う家族のために病院へ弁当を届けるなど、活動は多岐にわたる。

小児がんや難病で我が子を長期入院させている親は、昼夜なく寄り添い、自身の食事は食べたり食べなかったり、二の次になりがちだ。

「子どものためにも、お母さんたちを支えたい」と、親に弁当を届ける活動は口コミで広まり、いまや四つの病院へ配達。NPOの財源に、自治体からの助成はない。寄付金で借りている部屋は開放しており、看護に疲れた母親たちが団らんしたり食事をしたり、ひと息つくことができる。

「子どもを亡くした親同士が交流する場がほしい」

〝グリーフシェアクッキング〟という子どもを亡くした家族のための料理教室は、そんな憩いの場に集う母親のひと言から始まった。グリーフは「悲嘆・深い悲しみ」を指す。

私が見学した日は、若い母親二名とカズコさんとボランティアスタッフの四人。「ハウスグランマ」と名付けられた台所付きのワンルームで行われる料理教室だった。

途中から母親がひとり飛び入り参加し、海老焼売と水餃子とジンジャーエールのランチタイムは、明るく賑やか。餃子と焼売は、皮から作る本格派で、ジンジャーエールは、生姜にシナモンスティック、クローブ、砂糖を加えて煮詰めるスパイシーな大人の味だ。

コロナ禍に、「保育も社会福祉も学んだ。残る心残りは、幼いときに母を亡くしたので料理を学べていないこと。ボランティアといえどもお弁当を届けるなら、きちんとした料理をお渡ししたい」と一念発起し、六六歳で服部栄養専門学校で一年間学んだ。

卒業の証の調理師の免状をNPOの冷蔵庫に貼ってまもなく、前述の母親の「交流の場を」というつぶやきを耳にしたのである。

「小児がんや筋ジストロフィーなどでお子さんを亡くしたお母さんたちは、みなお若いの。受け止めきれず、喪失感や後悔、孤独感に襲われ心のバランスを失いそうになるのも当然です。でも、そういう人にどんな言葉をかけるのが適切か、周囲も躊躇《ちゅうちょ》しますよね。かけられるのは精神科のお医者さんだと思いますが、カウセリングは一時間一万円もする。そうそう続かないですよとおっしゃったので、〝だったらここを交流の場に使って〟と言いました。そうで、ふと免状を見て、〝せっかくお母さんが集まるなら服部のレシピがあるから、これで交流しましょう!〟ということに」

料理教室で、専門学校時代の白いコックコートをキリッと身につけた彼女は、「はい次こ

喪失を癒やす料理教室

れ正確に測って」「生姜は繊維を断ち切るように切るのよ」「海老の戻し汁は使わないで」と、意外に厳しめだった。お母さん生徒たちは、慣れているようで「はーい」とてきぱき。事前に三人でレシピを音読し、どんな段取りが効率よく作れるか話し合うのも忘れない。皮をこねていると、カズコさんが「あなた意外に力ないわね」。「えーっ」と口をとがらせる母親に、みなで吹き出す。

あとから参加者のOさんが教えてくれた。

「家にいると料理をする気になれないんですよね。でもここでは集中する。こんなに餃子と焼売のことだけ考えることないっていうくらい（笑）。いつもたくさん作って、食べたあとはみなにお土産でくださるんですよ。下の子がいるので、それもとても助かっています」

がんで一三歳の長男を亡くしている。下の子のことを慮り、なかなかそういう気持ちになれない自分をもどかしく思っているようでもあった。

Nさんは、先天性の病気で娘ふたりを二四年間の介護の末に看取った。身の回りの世話をひとときも離れられない状況で、看護というより介護という言葉に近かったと振り返る。

出自も家族の状況も違うふたりだが、Oさんは先輩ママのNさんと、この料理教室で知り合い、たくさん支えられたのだそう。

料理中、あとから合流した母親も交え、「下の子、どうしてるの」「息子さん、学校どうなった？」「誰も悪くないいじゃない。みんな精いっぱいやっているもの」と、手を動かしながらの会話が聞こえてきた。

古いマンションの台所は、ガステーブルが二穴で、一〇〇円ショップで揃えた道具も多い。

Oさんは言う。

「ハウスグランマは、まさに実家へ帰ったような、ほっとする場所。特別な設備もなく、ありふれたどこの家庭にもある道具で料理をします。カズコさんの指示のもと、とにかく動いて、切ったり、捏ねたり、混ぜたりしているうちにおいしいものができあがる。それを味わいながら、みんなで亡くした子どものこと、入院中のこと、どんな思いで何を求めていたのか、いろんなことを話せる場がある。それがありがたいです」

私もご相伴《しょうばん》に与《あず》かったが、はんぺんを潰して混ぜ込んだ海老焼売はふわふわで、やさしい舌触りだった。水餃子はつるつるぷるん。ぴりっと生姜の効いたジンジャーエールは二杯おかわり。おいしさが忘れられず、さっそく翌日家でも焼売とジンジャーエールを作ってみた。不揃いで調味も適当なので、とても取材時の味にはならなかったが、今日こんなふうにあのお母さんがたも、カズコさんとの台所を思い出しながらチャレンジしているかもしれないと想像したら、心が温《ぬく》もった。それは、同じおいしいものを一緒に食べた者同志が感じる、穏やかな連帯感に似ている。

弁当、料理教室と、食をひとつのとっかかりに、精力的にボランティアを続けるカズコさんはしかし、どれも「これをやろう」と自分から強く働きかけて始まったのではないと語る。

生活のために保育士になり、勤務先のある新宿区に住んだら、近くの病院には半年一年単位で子どもに付き添っている親がいて、食事もままならないと聞いた。グリーフシェアクッキングも、たまたま調理の学校に通っていた流れから生まれたこと。「そのとき、そのときで、できることをしてきただけなのです」。

ただ、これまでの人生経験から「健康のもとは食だ」という確信が根底にしっかりある。

夜間専門学校で出会った言葉

大分県で、四人きょうだいの三番目として生まれ育った。父は働かず、アルコールを飲むと暴力が出る。小二のとき、母は睡眠薬で自死し、父はその後蒸発した。

親戚や祖母宅を経て、東京に姉が就職していた縁で上京。小五から高校卒業まで東京のカトリック系の児童養護施設で育つ。

「いじめもあったけれど、私は本が好きで、施設の図書室の本を端から読んで、勉強で負かしたら何も言われなくなりました。施設の食事は最初の頃はものが乏しくて、ひもじい思いもしましたが、それでも全部手作りで。時代もゆたかになり、栄養士さんが入ってからは、ぐんと充実。それまで故郷でろくなものを食べてこなかったので、手作りってこんなにおいしいのかと驚きました。とんかつを食べるのも初めてでびっくりしましたね、あまりにおいしくて。なにより、親が育てられない子を、自分は子どもがいないのに育てるというシスターの姿を、小五から見ている。そういう人が世の中にいるということを子どもの頃から知っているのは、人を信じる基盤になっていると思います」

卒業後は、一年間、施設の厨房で働いた。〃御礼奉公〃といわれる当時の通例で住み込みの無報酬だったが、ここで料理がよりみぢかになる。

「イタリアのシスターが始めた施設だったので、イタリア料理が中心なんです。食事のバランス、ミネストローネや、ポレンタというとうもろこしのおかゆの作り方もこのとき覚えました」

一九で施設を出て、昼間は印刷会社で働きながら夜間の専門学校で保育を学ぶ。トイレは共同、四畳半ひと間のアパートで、一週間千円で暮らした。

「お米、醤油、キャベツ、卵の四つは切らさないようにしました。最低これだけあればなんとかなるの。お弁当も毎日作りました。ときどきソーセージを買うのが楽しみでね。料理に変化をつけられるから」

二二歳で晴れて新宿区の保育士に。保育は「生活のための選択」だった。

「当時、女性が生きていくために安定しているとされていた仕事が、看護師と保育士でした。たまたま進んだ専門学校の保育科で、心理学者の霜山徳爾《しもやまとくじ》先生の教えを受けました。ナチス強制収容所を奇跡的に生き延びた精神科医フランクルの『夜と霧』の訳者でもあります。一週間を千円で生きる苦しい生活も、親のいない境遇も、先生の言葉や、極限の状況で生きる人間の姿を描いた『夜と霧』から何度も救われました。先生との出会いがなかったら、もっと人をやっかんだ、違う人生になっていたと思います」

ユダヤ人精神科医フランクルは、『夜と霧』でこう記している。

〈人生から何をわれわれはまだ期待できるかが問題なのではなくて、むしろ人生が何をわれわれから期待しているかが問題なのである。〉（霜山徳爾・旧訳）

カズコさんはその後の離婚、失業など、人生で途方に暮れた折々に繰り返し読んできた。だが、五二年前に出会った言葉の本当の意味にはっとしたのは、つい最近のことだという。

「フランクルが『夜と霧』で説いたロゴセラピーは、意味があれば人は生きていけるということ。あなたが人生に問うのではなく、人生があなたに問いかけているのだと。アウシュビッツまではいかなくても、この過酷な状況で、あなたはどんな意味を見つけますかと人生に問いかけられている。後悔にも意味をもたせることができるとわかった時、別れた夫のことをふっと思い出したんですよね」

子どもはふたりで、長男が二〇歳になったとき、財産を四分割して離婚した。夫がパソコン黎明期にプログラミングや通信にハマり、平日の夜も土日も部屋に引きこもるようになったことが要因だ。元旦も夏休みも子どもと遊ばず、夫婦の会話もない。子育て中、家族と行動を共にしたのは年に一回、旅行の一泊だけだった。

「その夫が、知人を介してがんで入院していると聞いたのが三年前のことです。連絡先は知っているけれど離婚して二〇年間、一度も電話をかけたことがありません。再婚もしていない。ひとりで入院は心細いだろうなと。パソコンに走って家族を捨てた彼が悪い、と長年思ってきたけれど、よく考えればお金もちゃんと入れてくれていたし、DVもなかった。私から結婚生活に見切りをつけたけれど、あれでよかったのか。恨んだまま死にたくない、このまま終わったら後悔すると強く思いました」

知人を介して弁当を届けてもらうと、ショートメールで「ごちそうさま」と返信が来た。こちらが変わると相手も変わるのだと知る。三年経た今も、弁当は続いている。

カズコさんは自分に言い聞かせるようにつぶやく。

「後悔しても、死んだ人にはもう、どうすることもできないんですよね」

最近も読んでいるというフランクル関連の本には、びっしりと書き込みやアンダーラインがあり、付箋が貼られていた。

本から学び続け、傷と向き合い、人と向き合う。

子どもを亡くした親と向き合うという、誰にもできる仕事ではないことにとりくむ人の根っこを耕しているもののひとつを知った。何度も読んだからよかったらどうぞ、と手渡された文庫『フランクル『夜と霧』への旅』（河原理子著、朝日文庫）の帯には、こんな言葉があった。

「あなたが人生に絶望しても、人生はあなたに期待することをやめない」

料理ごときの力

新婚時代から長く団地に暮らした。料理が好きで、仕事でどんなに疲れていても汁ものとご飯のほかに五品はおかずを並べた。

「お豆腐におかかのせただけとか、作りおきのきんぴらや切り干し大根、そんなのも入れて五品ですからたいしたことないの。食で最も大きく影響を受けたのは、保育園の給食です。彩り、バランス、だし、たぬきうどんなら揚げ玉まで手作りする。あの給食は素晴らしかった！　どうやって作るのと調理場へ聞きに行くと、〝そんなふうに聞いてくれるの嬉しいわ〟って教えてくれてね。よく家で再現しました」

親だけが料理を教えられるのではない。カズコさんは施設の厨房や職場という実地で、経験とレシピを増やしていった。

コロナ禍から始めたグリーフシェアクッキングは年間三五回を数える。教室に来る母親からもまた、カズコさんは多くのことを学んでいる。

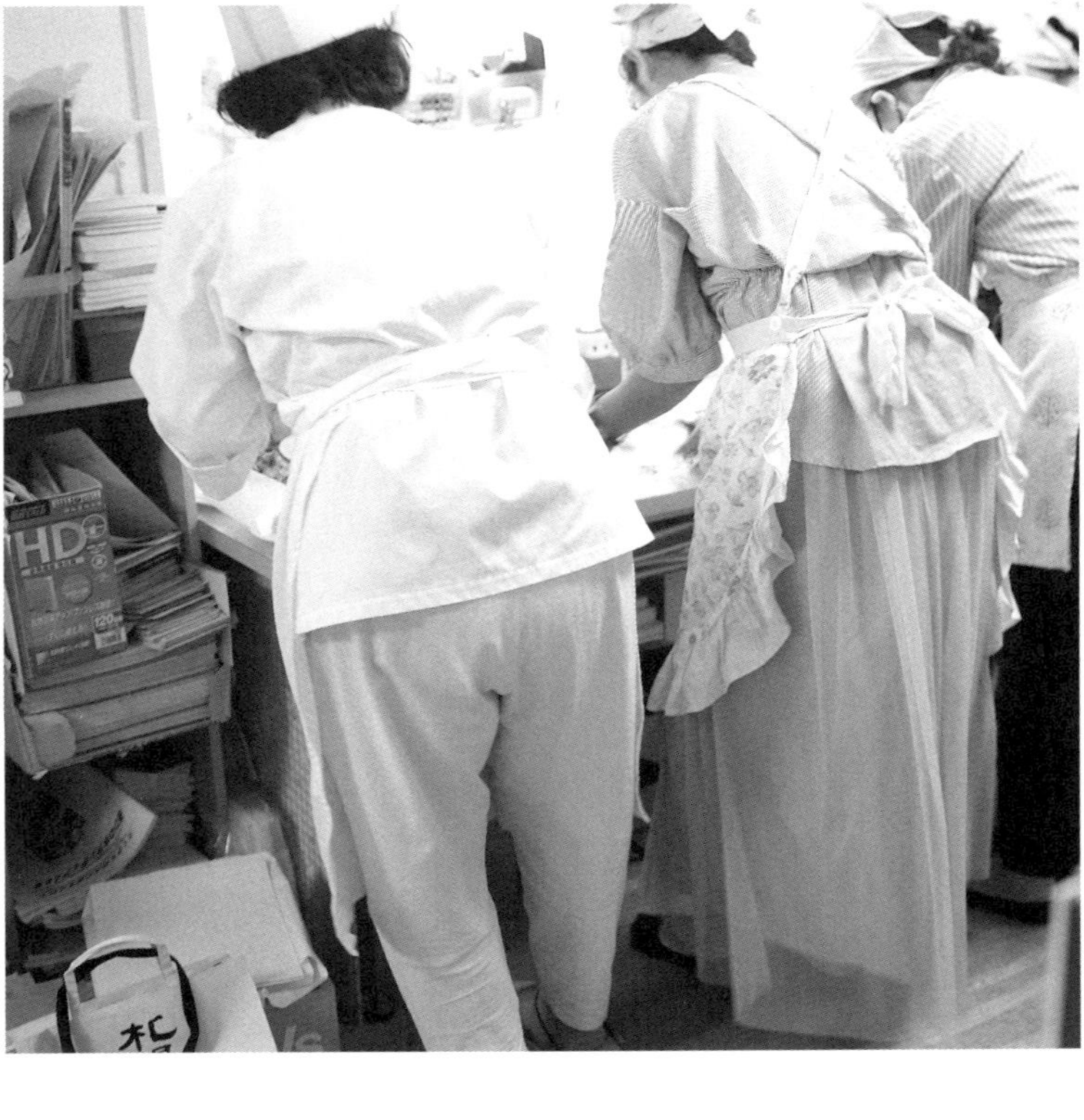

喪失を癒やす料理教室

「このお母さんたちは本当に子どもを愛している。人を愛する能力の高い、素晴らしい感性を持っている方々だと思います。料理ごときでなぐさめられるはずもないとわかっています。でも、野菜を切ったり炒めたり、いい匂いがしてきて、みんなで同じものを作って食べるなかで、〝あの子の好物だったのよ〟なんてぽろっと会話が生まれる。弱音も愚痴も出る。同じ悲しみを抱えた仲間と作るということだけが、ほかの料理教室と違う。そこにとても意味があります」

手作りのおいしいものを食べると体が元気になる。心がほぐれる。自分の体験から知っている人の言葉は力強い。

ところてんを食べながら、いつまでも滑舌《かつぜつ》の良いカズコさんの朗らかなおしゃべりを聞いていたくなる。ハウスグランマは居心地のいい居場所だ。

喪失を癒やす料理教室

台所の今、台所の声

三つの事象を元に、市井の台所の現在、暮らしの足もとから見える社会を考える。

夫婦・カップルのあり方の変容

マッチングアプリで知り合い結婚、または同棲を始めたというカップルが二〇二〇年以降四件あった。以前は七年間で一組のみ。再婚同士で連載掲載時、「親戚や友達に言っていないので、出会いについては伏せてほしい」と要請された。

取材の体感だと、**コロナ禍**が大きな区切りになる。仕事がいったん減速し、暮らしや人生の充実に目を向けるようになったとき、手近なアプリが便利なツールであったことは間違いない。ユーザー増加に伴い、アプリで知り合ったことを伏せる風潮も限りなく薄まった。「あらかじめ趣味や結婚観、人生観を確認し合ったうえで交際を始められるので楽」と語ったのは、三三歳のＩＴ系勤務の女性。帰省のたび、関西地方の実家の両親、祖父母に「一人前ではない」と責められ、いたたまれずアプリを利用したとのこと。女性の婚期を気にする地方の親・祖父母世代の価値観の変わらなさを痛感した。

いっぽうコロナ禍の**テレワーク**の効率化により**妻が単身赴任**、妻が介護のため中国地方の実家と東京を半月交代で往復といった、働き方の多様化が顕著に。

夫の単身赴任や半月出張はいくらでもあるが、主語が「妻」となると、コロナ禍前はゼロだった。テレワークは既婚女性の働き方の自由度を明らかに広げた。

取材応募をするサラリーマン男性が増えたのもこの頃からだ。自炊の頻度が上がったことで、台所の工夫や料理の話を誰かにしたくなる心境は応募女性と変わらない。

夫の定年を機に週末婚に切り替えた夫婦、夏は妻だけ長野のセカンドハウスに、自然より都会暮らしを好む夫とは月一回会うリズムが快適と語った五〇代夫婦もいる。

夫婦やカップルが離れて暮らす際に、SNSが大きく役立っているのはいうまでもない。LINEのビデオ通話を二四時間繋ぎっぱなしにしている九州と東京のカップル――アプリで知り合った――は、「おはよう」と独り言のように言い、料理をしながらカメラを見ず「今日はそっちは何を作るの?」、相手が帰宅するのがわかると「おかえり」と語りかけていた。

オーストラリアに住む娘夫婦と、日本でひとり暮らしの母も、二四時間繋ぎっぱなしにしていた。とくに会話はなく、母の安否確認がわりで、昼寝をしている姿を義息子に「お義母さんが倒れている!」と心配されてからは、カメラアングルから外れたところで寝転ぶようになったそうな。SNSは遠方の**親の見守り**にも使える。

逆にリモートワークにより「毎日顔を合わせることで、お互いに我慢していた短所が浮き彫りになり、離婚した」というケースはコロナ禍以降三件あった。夫の定年直後に離婚する熟年夫婦の増加は、以前から話題になっているが、しじゅう顔を突き合わせることで生まれる齟齬《そご》が、コロナ禍によって世代を問わず表面化したと考えられる。

同じケースでも、**別居婚**、**週末婚**にしてから互いに快適になったというシニアの夫婦もいる。コロナ禍で定年後の夫との暮らしを疑似体験、息苦しさを感じた妻が社会人大学に通い始めた、在宅ワークだった妻が外にオフィスを借りたケースも。

他方、夏は妻だけ長野のセカンドハウスに、自然より都会暮らしを好む夫とは月一回会う五〇代夫婦は、「新鮮な気持ちでふたりの時間を楽しめる」と朗らかに語っていたのが印象的であった。

コロナ禍がもたらした社会への影響は、今後様々な分野で総括されていくのだろうが、夫婦やカップルのあり方に大小の変化をもたらしたのは確実である。

食の新形態の普及

テイクアウト、宅食サービス、**中食**《なかしょく》（市販の惣菜や弁当、加熱してそのまま主菜になる冷凍食品など。「外食」と、自炊にあたる「内食」《うちしょく》の対義）、**ネットスーパー**、**業務用スーパー**、**コストコ**、冷凍食品の品数の急増は、近年とみに感じる食の変化の大きな特徴である。

育児休暇を経て職場復帰した設計職の女性が、育児との両立に疲弊――施主との打ち合わせの多くが夜になるため――夫婦で話し合い、平日は**宅食サービス**を利用することに。最初は栄養価や添加物が気になり抵抗があったが、調べてみると、品質と調理法にこだわったサービスが増加した「高齢化社会を鑑《かんが》み、みな中身の向上を競い合って切磋琢磨《せっさたくま》している業界だとわかった」と、満足度が高かった。

前述の妻の単身赴任や別居婚をスムーズにするのにも、中食や冷凍食品の充実はひと役買っている。料理が不得手な夫にとってはお助けツールであるからだ。

あるいは性別に関係なく、料理が得意でも、テレワークの日中、ゆっくり昼食を作っている時間がないという人の味方にもなっていた。

業務用スーパーは、インスタグラムやネットの影響力も大きいだろう。たとえば姜葱《ジャンツォン》醬《ジャン》、冷凍ビーフパテはネットで「バズった」ヒット商品で、取材でも「切らしたら困るもの」として紹介する人がいた。

変わらぬ痛み

依然として変わらぬ台所から見た社会の課題は、子育てによってブランクのある女性の再就職の難しさ、発達障害児を抱える保護者の孤独や不安、**ヤングケアラー**、官庁とシステム業界における**働き方改革**の遅れ、子育て中の孤独、男性が育児や家事をシェアしたくてもできない**長時間労働**の現実である。

男性の育休を設けるだけでは焼け石に水。会社に復帰したら妻のワンオペが始まる。とりわけ共働き子育て世帯への持続可能な支援、企業の意識改革の必要性を感じる。

日本中の会社勤めの父親が、平日、夕食を一緒に囲めるようになるのはいつだろう。

コロナ禍が落ち着いたとたん、多くの父たちの帰りはかつてのように遅くなっている。台所を訪ねれば訪ねるほど、高齢の議員たちが国会で口にする「男女共同参画社会」という言葉が空虚な響きをもって遠のいていく。

もうひとつ新たに感じる痛みがある。

SNSがもたらす罪悪感という名の暴力だ。

色とりどりのていねいな料理。美しいテーブルセッティング。栄養満点の献立。切り取られた特別な世界とわかっていても、とくに小さな子を持つ親や、仕事に忙しくやりたくても十分にできない人、もともと料理が好きでない人にとっては、できていない自分を突きつけられるようで罪悪感を抱く。

私から見たら相当料理ができている人でも、「私なんて」と自己肯定が低いことに疑問を感じ、傾聴を深めていくうちに気づいた。SNSの発達により、視覚的に人と比べる機会が増えた。無意識のうちに、憧れや感嘆の傍らで、自分はできていないという意識が育ってしまう。本来台所は、食を生み出した自己を——たとえカップラーメンに湯を注いだだけであっても――命をつなげたと肯定できる場であるはずなのに、誰かと比べて自分を否定するのはとてももったいないことだ。

自分や一緒に暮らす人の胃袋を満たす。それだけで素晴らしい営みだ。もっと自分を褒めてあげていいのになといつも思う。

きっとそれは、台所作業の多くが、他者には見えにくい小さな労働の連続だからだ。あえる、水を切る、おたまやざるを洗う、牛乳パックを切り開いて乾かす、野菜をより分けて古いものから先に使う。見えにくいから評価されにくい。おいしかったらありがとうと言われるが、「おいしい」ができるまでも、食べたあとも、もっと言えば台所に立っていない間も献立を考えたり、切らした食材を補充したりと細かい作業がたくさん付随している。ひとり暮らしならなおのこと肯定ポイントを自覚しにくい。だから人はＳＮＳに載せるのだろうし、「いいね」が嬉しいんだろう。

よれよれに疲れた日、お茶漬け一杯でも作れたら自分を褒めてあげよう。冷凍カルボナーラがおいしかったらそれで良しとしよう。連れ合いがおいしい味噌汁を作ったら全力で「ありがとう」を言おう。それだけで小さな自信になる。

自分の精一杯を人と比べなくていい。誇りを持って自己を肯定できる個人が集まった社会はきっとゆたかなはずだ。

柿の種

Ⅳ

家族のかたち

〔定時制高校性・19歳（女性）・賃貸マンション・3DK・西武池袋線・大泉学園駅・練馬区。入居17年・築年数43年。母（パート・42歳）、妹（17歳）、弟（12歳）との4人暮らし〕

主《あるじ》が留守の隙に

「小三の時に離婚してから母はフルで働いて、私と妹、弟を育ててきました。今は学校給食の調理補助をやってます。ちょっと抜けてる人で、私たちは〝まーたママ、忘れているよ〟ってしょっちゅう言ってます。おかげでみんなしっかり者に育ちました」

取材で家に足を一歩踏み入れたときから、「お母さん」の話が止まらない。

末っ子はまだ小学生。母は次女の弁当を作ってから、朝八時に出勤するという。

取材の応募メールにも、母への愛があふれていた。

〈季節を楽しむ母です。お月見では白玉団子、ハロウィーンにはかぼちゃのグラタンを焼きます。

主が留守の隙に

毎年クリスマスには手作りのフライドチキンを食べます。このフライドチキンが世界でいちばんおいしいと手前味噌ながら思います。

カレーの日は、深めのフライパンふたつを使います。

市販のカレールーを使ったカレー（母と妹が食べる用）と、市販に頼らずイチから作ったキーマカレー（後者が好きな私と弟用）の二種を作ります。

スープカレーも絶品。ヨーグルトが隠し味で入っているので、ピリッとするのにどこかマイルド。小学生の弟でも食べられるスパイシーさです。

お菓子作りは夏はブルーベリー狩りをしてパウンドケーキに。秋はスイートポテトやアップルパイ。母のいちばん得意なお菓子はフロランタンです。〉

そんな母に取材してほしいと書かれていたが、〝あなたから見たお母さんを語っていただけないか〟と依頼した。なんとなく文面から、彼女の母親は、自分の料理がいかにすごいかなんて語らないだろうし、自らの食のこだわりなど振り返ることなく、無我夢中で子育てをされてきたように思ったからだ。

案の定、応募者の彼女が母に取材のことを伝えると「絶対無理。うちの台所なんて出せない。たいしたことない」と猛反対をされたという。

拝み倒して、「取材は自分が受けるから」と説得した。

前日は、半日がかりで母は台所の片付けをしていたらしい。

その母が働きに出ている間に、我々は押しかけた。

誰だって、自分がいぬ間に棚や冷蔵庫の中を見られたら嫌なもの。それでも許した娘との関係に、特別な信頼を感じた。

さて、聞いてみようか、世界一おいしいフライドチキンを作る母の話を。

「そしたらあなたたちは生まれていない」

この家から父が出ていったのは一〇年前のこと。妹は小一、弟は三歳で〝いやいや期〟真っ最中だった。

最近、母に初めて離婚の理由を聞いた。

「大黒柱でいることに疲れたと言われた」

もっと複雑な理由はあろうが、それ以上は聞かなかった。

「産ませるだけ産ませて、それはないわと思いました。今は無理して結婚生活を続けてくれなくてよかったと思いますが、当時は揉めていたことも知らなかったので、ショックで。母から聞いたときは、号泣しました。しばらく気持ちが不安定でしたね」

離婚前から母は、在宅で事務を請け負っていた。弟・妹の面倒は、長女の彼女もできる限り手伝った。母にも自分にも、悲嘆に暮れている暇がなかった。

どんなに忙しくても料理に手を抜かず、季節感を大事にする。七草がゆは、「絶対こっちのほうがおいしいから」と、必ずフリーズドライではなく生の七草を使う。クリスマスのフライドチキンは、オールスパイスとたっぷりの黒コショウがポイントだ。

高校生になって、初めてケンタッキーフライドチキンで食べたとき、「うちのほうがおいしい」と思った。モスチキンも、おいしいと聞いて行ってみたが「うちほどじゃないな」。

もちろん節約のためが大きいが、母の料理への妥協のなさは、祖父母の食卓からきていると、あるとき気づいた。

「近所に住んでいる祖母の料理がすごいんです。祖父が外食が嫌いで。サンマを圧力鍋で煮込んだり、デミグラスソースは肉汁から作ったり。唐揚げは生姜の量から違うし、ギョーザもニラがたっぷり。祖母は田舎の生まれで、ご飯は家で食べるものという環境で育ったので、自然にうまくなったのでしょうね」

いっぽう思い返すと、父方の祖父母は外食や市販の加工食品、ジャンクな食べ物を好んでいた。そちらの祖母が糖尿病になったとき、母方の祖父母の食との違いにピンときたという。

「私も台所に立つのが苦じゃないのは、母の姿を見ているからだと思います。暇があるとクッキーを焼いたり、バイト先に差し入れしたり。妹もそう」

彼女は高校生になると、母の代わりに弟の小学校の授業参観に行った。弟の交友関係を知

主が留守の隙に

りたくて、学童保育の指導員のバイトをしたこともある。妹は、弟の勉強や生活態度に厳しい。「家族みんなで、年の離れた末っ子を育てているような感覚です」。

幼い頃、「給食のこれがおいしかった」と言うと、母は授業参観の帰りに栄養士にレシピを聞きに行き、家で再現した。今も、学校給食の調理で知った人気メニューを、しばしば自宅の食卓に取り入れている。

従来、母は父の悪口を言わない。

「よくそんなお父さんと結婚したよね」とあきれ顔で言うと、「そしたら、あなたたちは生まれていないから」と流す。

おかげで、子どもたちは父と自由に連絡を取り合える距離感にある。時々、富士サファリパークや愛媛など、父を交えての家族旅行も。食器棚には、いまだに五人分の器がそろっていた。

「父に対しては、自分たちを捨てたようなもの、という思いは消えません。でも今はこうして楽しく暮らせているからいい。出て行ってすぐの頃、父との電話で、〝離婚しても、私のパパはパパだけだよ〟と言ったら、受話器越しに泣いていた。父のもろさを知った記憶もまた忘れられない」

人前に出るのが苦手という母の話を、間接的にでも聞けてよかったと思う反面、母には母の子どもに言えない痛みや葛藤、ときに頑張りきれなかった瞬間もあったのではないかと思った。

彼女が帰り際につぶやく。

「本当は取材で、私たちには言えない母の思いを聞いていただきたかったです」

主のいない、けれども信頼に裏打ちされたあたたかなものがつまった台所で、どうするのがよかったろうと私は今も考えあぐねている——。

〔主婦・59歳（女性）・賃貸マンション・1DK・東西線・木場駅・江東区。入居3カ月・築年数34年。ひとり暮らし〕

「卒婚っていい言葉だなと思う」

「なんで離婚しないの？」

「だんなさん、おひとりなんでしょ。かわいそうに」

「夜つまんないでしょ」

「ご飯どうしてるの？」

趣味の水墨画で事務作業も担っていることから、七〇～九〇代の約一〇〇人と交流がある。同年代のヨガ友らと違い、「高齢者ほど、うちの夫婦関係は理解してもらえないようです」と、彼女は苦笑する。

三カ月前から、夫と別居している。

本宅から電車で二〇分の江東区・木場の賃貸マンション。愛犬と、コンパクトな1DKにひとり暮らしだ。

本宅には、同年の五九歳夫と二六歳長女、猫二匹がいる。

月一、二回、夫が遊びに来たり、彼女が本宅に帰ったり。

先日の連休も本宅に四泊した。久しぶりに、夫や娘に手料理を振る舞い、みなでワイワイ過ごした。

どちらかの体調が悪くなったり、介助が必要になったら、本宅に帰ると決めている。

思い切ったこの選択のきっかけは、夫の早期退職である。

「五六歳で早期退職して、いきなり大学院に通い出したのです。〝歳とる前に、自由にやりたいことをやるのがいいよね〟と言って。私は内心、しめた!と思いましたね」

学食の厨房でパートや、介護が必要な人へのボランティアをしたことはあるが、ふたりの子が巣立つまでは、ほぼ専業主婦であった。夫はかつて、「定年後はキャンピングカーで全国をふたり旅しようね」などと話していた。

手のひら返しのようなその行動に、我が意を得たりと思ったのはなぜか。

「私は学生時代も含め、ひとり暮らしは二五で結婚する前の半年だけ。私の世代の女って、自分の意志で、住まいを決めてないんですよね。住まいどころか家電ひとつもそう。冷蔵庫も子どもの意見を聞く。レンジも私はオーブンつきでない最低限の機能でいいのに、家族の意見に合わせてきた。ひとりじゃ何も決められない。一度、ひとりで自由に暮らしてみたかったのです」

親から譲り受けた不動産によるアパート収入がある。

知り合いの高齢者を見ていると、ある共通点に気づいていた。

「体、頭、気力。三つ揃って、元気で安定していられるのは七五歳まで。それをこえると、足腰、または言葉が思うように出なくなるとか、どこかしら悪いところが現れるんだなあと」

そして、彼女は一念発起した。

「死ぬときに、お金を持っていてもしょうがない。心身が元気なうちに、挑戦するなら今だ」

高齢の友人のなかでは、数少ない理解者である七五歳の女性から言われた言葉が背中を押した。

「私くらいの年齢になるともうできないわよ。今だったら、一〇年経っても今の私の年齢より若い。始めてみたら？」

夫が大学院生になった二年目、思い切って告げた。

「私も自由に、ひとりで暮らしたい」

自分も好きなことをやり始めた手前、夫は驚きつつも同意するしかなかったようだ。

「ホントに行っちゃうんだね」

夫は、引っ越しも精力的に手伝ってくれた。

「友だちが来たら、これで焼きそばでも作ったら？」と、サプライズでホットプレートの引っ越し祝いまで。

ただ、越す前夜、ぽつりとこうつぶやいた。

「あんたの妄想だと思っていたのに、ホントに行っちゃうんだねー」

「そのときは、寂しいのかしらって思ったんだけど、三カ月経った今は、娘と掃除や料理を当番制にして、大学にもたくさんお友達ができて、楽しくてしょうがないみたいです」

彼女もまた、愉快そうに語る。

二五歳で結婚。パートナーとして、子育ての同志として協力しながら共に歩み、いい思い出をたくさん刻んできた。

子どもが社会人になってからは、ふたりで伊勢神宮や大洗海岸などへ旅行も楽しんでいる。かたや、ふたりきりの生活が長くなると、価値観や生活観の違いが気になりだすのも事実である。離婚というほどでもない。たとえば、次のような些細なことだ。

「彼は一日中、音楽や、テレビをつけっぱなしにしていたい人。私は静かな空間が好きで、テレビも最小限選んで見るタイプ。また、食や料理が好きな私と違って、彼はおいしいものより健康食品第一。私は鉄のフライパンや鉄瓶など道具を手入れして育てたり、イチョウのまな板を毎回たわしで洗って乾かすような、手間暇かけて、長く使う派ですが、彼は〝なんでそんなことするの？　新しくて便利なの買おうよ〟。そういうちょっとしたことが、溜まっていくんですよね」

彼は猫派、妻は犬派。彼は下戸で、彼女は酒が好き。夫婦だからこそ気になる、取るに足らないささやかな齟齬。

「だからって、嫌いというのとも違うんです。彼は、なにかっていうときに必ず手助けしてくれてたし、引っ越しもすごく協力してくれた。何年先になるかわかりませんが、助けが必要になる年になったら、支え合いたいです」

不便な台所の幸せ

オーブン、トースター、浄水器、食洗機。

本宅にあったものが、今の台所にはない。水は容器を持って、近所のイトーヨーカドーに汲みに行く。掃除機もなく、棕櫚《しゅろ》の箒で掃いている。

「高齢のお友達の多くが、みな始末に暮らしていて、私もずっとそうしてみたかったのです。デジタル表示がないガス台なので、火の消し忘れがないよう、お湯や煮物は毎回タイマーを

「卒婚っていい言葉だなと思う」

かける。夜は、お酒におつまみだけでいいので、旬の野菜を使ったお総菜だけを作る。残ったら翌日アレンジして、朝昼のおかずに。こんなふうに、少ないもので工夫して暮らすのが、憧れでした」

同年代の女性からは、「いいわね」「私もお金があったらそうしたいわ」としばしば羨ましがられるが、意外と男性は辛辣らしい。

「友達がご主人に私のことを言ったら、〝バカじゃないの？〟〝あんな大きな家に住んでるのに、わざわざそんなボロボロのとこに住んで。なんで、不自由な暮らしに戻ってるの？〟ですって」

「卒婚っていい言葉だと思うんですよね」と彼女は言う。

しかし、「卒婚です」と簡単に説明すると、今度は若い世代に、「ん？」と首をかしげられることが多い。

「きっと、その必要性を考えることがないから、言葉自体を知らないんですね」

規則正しく、朝七時に起きて二三時に寝る。ブログに食事日記をつけ、生活が乱れないように心がけている。

ひとり暮らしを考え始めた頃は、吉祥寺や三軒茶屋など、本宅から離れた街もいいなと考えたが、結局家族が心配で、近くにした。

先日、初めて本宅に四泊したときは、あまりに汚れていて愕然としたという。

「お風呂は湯船しか洗ってないし、ガス台は油だらけ。窓の桟も真っ黒、庭も荒れ放題。私が大掃除しても、娘も夫も〝あ、きれいになったねー〟で終わり。私が行くまでは、当番制でやっていたのに、私が行った途端、誰も何もやらなくなるんですよね。これ以上やっても損するだけだなと、大掃除をやめました。ひとりの家に帰って、心底ほっとした。あー私の家に帰ってきたーって」

その四日間を彼女は、こう形容する。「まるで家政婦のようでした」。経済的な余裕があればこその、夫婦のスタイルである。お金があるからいいね、と言うこともできる。

だが、金があってもなくても、ときおり家政婦のように感じられる生活が三四年も続いたとしたら、どうだろうか。

何もかも自分で決めて選ぶ、〝ひとり時々ふたり〟の生活をできる条件があったから、心と体と頭が健やかなうちに、チャレンジした。興味深い、新しい夫婦のかたちである。

〔料理研究家・60歳（女性）・戸建て・4LDK＋キッチンスタジオ・JR中央線・西荻窪駅・杉並区。入居2年・築年数29年。夫（フリーランス・64歳）とのふたり暮らし〕

はじまりの場所

宴席で初めて会った折、「以前『東京の台所』に応募したことがあるんですよ」と言われた。テレビや雑誌で活躍する料理研究家、とくにフランスの家庭料理で知られる。著名な彼女が、名前も顔も出ない連載企画になぜ、と率直に驚いた。

先述のように、連載の取材協力者は編集部で募集している。応募文一覧は、個人情報の氏名と住所だけ伏せられて私の手元に届く。肩書の料理研究家という文字に、本当かなと浅はかな疑念を抱き、私はにべもなく選から外したのを思い出した。というのも、これからそういう職に就きたい、本職ではないが記事を宣伝に使いたいという方々が一定数いるからだ。お願いしたい方が決まると、初めて編集部から個人情報が知らされる。こうした経緯で、彼

はじまりの場所

女が応募したことを知らないまま時が過ぎていた。

彼女に応募のきっかけを問うた。

「二五年間過ごしてきた大好きな台所を手放すことになったので、その区切りにと思ったのです。双子の子育ても料理研究家としての仕事も、全部その台所から始まったから」

双子の息子たちが就職をした二〇二一年、三鷹市から杉並区に越した。三鷹は新婚時代に買った建売住宅である。

「よくある小さな三階建てで、二階がダイニングキッチンでした。昼間は撮影や教室といった仕事、朝夕は家族の台所としてフル回転、私の仕事中は夫は家にいても水を飲みにも来にくい状況。当初はこれではまずいと夫の定年を見据え、リフォームを考えていました」

ところがたまたま家を建てた女友達がいて、買い替えという新たな選択肢に気づく。

運良く住み替えがかなった現在の住まいは古い戸建てで、大きくリフォームをした。一階が念願のキッチンスタジオとゲストルーム、二階と三階がプライベートスペースで、玄関、台所も一階とは別。夫の書斎を設け、夫婦それぞれの居場所もできた。

「コロナ禍に転居し、緊急事態宣言のなか、いきなり夫と一日中一緒にいるという生活に。そこで思いがけず、家事シェアが緩やかに始まり、料理も一切やらなかった夫が、毎朝朝食を作るようになりました。こんな日が来るとは、という思いですね」

現在、息子たちはそれぞれ独立し、朝食はすっかり定年退職した夫の担当に。一階のキッチンスタジオで連日撮影をこなし、著書の料理本は毎年依頼が絶えない。土日は一階で息子が仲間を集めてホームパーティをしたり、彼女がワークショップや食事会を催したり。そこに家族が飛び入り参加することもある。

そんなメディアに出る人の、夫婦の老後を視野に入れた五〇代の住替えをしなやかに実現した優雅なイメージと、人柄の間に、初対面からいい意味でのギャップを感じていた。飾らない言葉を使う。自分を大きく見せない。言葉のひとつひとつに、なんともいえない深みがある。

何度かじっくり話すうちに、ああとわかった。

子育てをしながら手探りで打ち込んできた料理研究家という仕事に掛ける熱、歩いてきた平坦でない道のりから得た学びが根底にある。それらが言外から、誠実という空気をまとって伝わるからなのだろう。

その平坦でない日々はきっと、私の知らない三鷹の台所に詰まっている。

「クロークでよければ」

母は幼稚園教諭、父は化学の教師。生まれ育った神戸の家は、小二まで祖母と同居だった。

「共働きなので、完全におばあちゃん子でした。この明治生まれの祖母が食べることが大好きでね、すごい料理上手。年金をもらうと〝○子ちゃん、行きましょか〟と、長女の私だけ鰻に連れて行く。戦前は毎月『主婦の友』を購読し、新しい料理に挑戦したり、子どもたちのためにカスタードクリームを作る、ハイカラな人だったようです」

両親も「祖母に負けない食いしん坊」と彼女は表する。神戸には異国の味が揃っている。中華街はもちろん、インド、フランス、スペイン、イタリア、さまざまな料理店に家族で行った。パンやケーキの老舗も多い。父の行きつけの多くは震災でなくなったが、当時の神戸の味をとどめておきたくて彼女は街のガイドブックを今、古本で一冊ずつ集めているという。

「あの街に育ってなかったら、私は料理の道に進んでいなかったかもしれませんね」。

フランス料理の原点は、小学一年のとき洋食屋で初めて食べたマカロニグラタンだ。

「上にチーズが乗っていて、溶けて焦げてる！　匂い、おいしさ、とろりとした舌触り。当時、トースターはポップアップ式のものしかなく、チーズを乗せて上から加熱し焦がす料理を見たことがなかったのです。しかも中はたっぷり白いソース。なんておいしいんだろうとそれから二年間ほど、外食するとどの洋食店でもグラタンばかり頼んでいました」

何をどうしたらああなるのか、知りたくてたまらない。母が読んでいた『きょうの料理』や『暮しの手帖』を読むなどして研究した。

小二で祖母が亡くなると、おやつを自分で作るようになった。ホットケーキ、薄焼き、クッキー。友達は市販の菓子やスナックを食べていたが、彼女は、祖母の手作りおやつで育っている。食べたいものがあれば台所に立ち、作るのが自然なならいだった。

「オーブンがきたのは六年生でした。満を持して母がグラタンを作ってくれたのですが、想像と違っていて〝なんでダマになっちゃうの〟と文句を言ってしまった。自分で作ったのは中学一年です。もちろんうまくいかなかった」

知りたい、わかりたい、食べたいの三つの欲は歳を重ねるほど強くなり、高校時代はテレビ番組『料理天国』に夢中になった。

「龍虎さんと芳村真理さんの司会で、ただ食べるだけじゃなくて、料理のルーツを説明するコーナーがあるのです。それが楽しみで楽しみで」

卒業後は調理師専門学校に進みたかったが、親は大学に進んでくれという。折衷案を申し出た。

「大学四年分出してくださる学費があるなら、短大二年間とそのあと一年間、調理技術専門学校へ行かせてください」

短大時代はバブルのさなかで、みな銀行や証券会社、企業の総務など次々と就職を決めていく。彼女はひとり調理師学校へ。「卒業の時期は本当に私だけ取り残されたように、ぽつんとしていましたね」。

だが希望に燃える彼女にとって刹那《せつな》の孤独感など、とるにたらないものだった。やっと思う存分、知りたい欲を満たせるのだ。

ところが学んだ後、待ち受けていたものは八方塞がりだった。

就職口がない。西洋料理の世界は「女がコックコートを着るなんて」という時代だった。なんとか就職できても、同期の男性は華々しいフランス料理やイタリア料理の仕事に。女性はいつまで経っても「メインではなくサポート」どまりだった。

「東京なら違ったかもしれません。神戸の街場のフレンチレストランに直接アタックすると、〝クロークならいいけど〟と。サービスもさせてもらえないのかとショックでした。学校の先生に〝女はそんなにだめですか〟と聞くと、女だからしょうがないよねという空気だった。和食だって〝女が寿司を握るなんて〟と言われていましたから」

調理師学校の職員を経て、スイスに渡ったのは二四歳のこと。

小さなつてを頼り、スイスのホテルレストランを紹介されたのだ。周囲から、語学もできないのにどうせ三カ月で帰ってくるだろうと思われているのがありありと伝わってきた。だからこそ心に誓った。——絶対に簡単には帰らない。

アパートの一室で始まった料理教室

スイスでは住み込みで、ホテルのレストランとベッカライ（パン屋）で働いた。ドイツ語圏で、フランス料理からは遠い。二年目、ようやく「厨房で働きたい。語学ができないので、お給料はいりません」と頼みこんで、フランスのミシュラン一つ星レストランに研修スタッフとして入ることができた。

語学学校も併用したが、専門学校時代からフランス料理を学んでいたので、料理用語は理解できる。意外に言葉の苦労は少なかった。

三年働いた後、湾岸戦争を機に帰国。

しかし、相変わらず神戸では門前払いである。

「当然なんです。性別に関係なく、日本で働いた経験がないんですから。ふつう採らないよなと納得しました」

二七歳、より多くの求人がありそうな東京に転居。ちょうど知り合いから下北沢のケーキ・紅茶専門店のレシピ開発と製作を依頼されていた。

初めての東京暮らしは下北沢のガスコンロひとつ、八畳間のアパートから。ここで、ひょんなことから料理教室が始まる。

「フランスで知り合った日本人の友達から、フランス料理を教えてと頼まれて。夜、この部屋でいいからと。当時、自宅の賃貸アパートの一室でフレンチを教えているような人はいなかったんじゃないでしょうか。もっと広くて受講専用のキッチンですよねきっと」

少人数で、憧れのフランスの食卓が垣間見られるような料理を、趣味的に学べる。だが技術は、基礎からしっかりと。フレンチベースのきちんとおいしい家庭料理は、口コミで生徒が増えた。この、昼はケーキと紅茶の店、夜は家で教える二刀流生活が、結婚を経て三二歳の出産間際まで続いた。

三鷹に建売住宅を買い、双子の子育てが始まるのと引き換えに、紅茶の店も料理教室も泣く泣く辞めた。

「双子の子育ては想像もつかなかったので。双方の両親は地方で、頼れる人もいない。編集者の夫の帰宅は、連日二三時過ぎ。密室で、ひとりでゼロ歳の動けない生き物の命を預かっているという緊迫感に、毎日押し潰されそうでした。少し静かだと〝息してるよね？〟って耳を近づけて。二児を分け隔てなく育てなきゃというプレッシャーも大きかった」

夫にもっと手伝ってもらえないかと何度も話した。するといつもこう論破される。

「やりたい気持ちはあるけれど、現実的にどうしても関われる時間がないんです」

そう言われると何も言い返せなかった。

生後五カ月のある日。下北沢時代の生徒のひとりから「また料理教室をやってほしい」と連絡が来る。

「残念だけど、子どもがいるから無理なのよ」

「だったら私がシッターやりましょうか」

こうして、自宅での料理教室は再開。その生徒が参加するときは別の生徒がシッターをかってでた。

教室の日は、朝から準備をする。昼間思いきり子どもたちを遊ばせて疲れさせ、食事と入浴をすませて、寝かしつけからシッター役に交代。一九時から教室がスタート。

「一回四、五人。月に数回ですが、私にとっては大切な、世間との接点だった。自分の考えたレシピを〝おいしい〟と言って喜んでもらえる。こんなの食べたんですよと、生徒さんがお店で食べた話を聞く。それを聞くのも楽しみでね。唯一の食の情報源でしたから」

生徒の中に編集者がいた。ふと、質問した。

「御社の赤ちゃん雑誌に、離乳食のページってある？」

料理はできるのに離乳食の作り方がわからない、という人は自分も含めて少なくない。そんな等身大の体験を綴ったページがあったら読者の役に立つのではと思った。

「企画書を作ってご提案ください」と言われ、書き方の右も左もわからないなりに、なんとか形にして持ち込んだ。

こうして息子たちの五カ月から一二カ月を綴った『離乳食日記』が、連載第一号に。そこから幼児の弁当やおやつをテーマにした料理本、実用ページの仕事がぼつぼつふえてゆき、中学を卒業するまでの一五年間は、料理教室とこまごまとした雑誌の実用ページや書籍の仕事をこなした。

「メディアの仕事は、生活実感を求められる料理がほとんど。子ども料理の人だねと言われると、私の専門はフランス料理なんだけどな……とやや引っかかるものの、しょうがないなとも思いました。私が読者なら、髪を振り乱して子育てしながらフランス料理をやるのはリアリティがない。幸い、教室はフランス料理なので、自分のなかのバランスはなんとかとれていました」

三鷹の教室開始から十年目、自分で貯めたお金で、よりレッスンや撮影がしやすくなるようひと回り大きく台所をリフォームした。

息子が高校生になり、ワンオペの緊張感から解放された頃、『フランス人は、3つの調理法で野菜を食べる。』という企画を持ち込んだ。もう一歩踏みこんで料理にとりくめるようになったからだ。

書籍化された本書を契機に、専門のフランス料理の経歴がメディアに認知されていく。以来、フランス人シリーズは現在九冊目となるロングセラーに。

「私の本は、今でも八割は自分の持ち込みなんですよ」

さらりと言う。

二〇二三年が著書十冊、二四年が五冊。見よう見まねで乳児を抱えながら離乳食の企画書を作ってきた経験がベースになっている。その日々に誇りがあるから、気負いなく明かせるのだろう。

今あるもので深く楽しく

息子たちに、大学卒業と同時に独立を促したのは「このままいたらいつか自分たちが、息子に老後の世話をしてもらうようになる。今は養っていても、きっとある時逆転する。それはしたくなかったので」。

越して三年になる現在の杉並の家は、夫婦どちらかに不調が生じてもできるだけ自分たちで乗り切れるよう、すべてバリアフリーにした。さらに台所は、さまざまな工夫がいっぱいだ。重い鍋はかがまなくてもすむ腰の高さの棚に。料理はできるだけワンアクションですむよう、よく使う調味料を利き手側に。ザルやフライパンは目の前にハンギング。朝のお茶やコーヒーは、流し台を回り込まずに手に取れるよう、テーブル側のカウンターに収納。

ストックヤードには、夫婦で楽しむワインやウイスキーがぎっしり入っていて、食卓に流れる穏やかな時間が透けて見えるようだ。

「三鷹の台所はものが溢れかえっていたので、だいぶ処分したんですよ。あのままいたら、自分たちの加齢とともに台所にも不具合が出てきて、きっとイライラしたり、夫ともぶつかったりしていたと思います。私の仕事中は夫が台所も使えないので、今のように定年になって在宅だったら、揉め事ばかりだったかもしれません」

新しい街に来られたことも、幸運に感じている。三鷹の街には、家族四人暮らしの思い出

Ziploc
Ziploc

があちこちにはり付いている。

「子育てが終わった空《から》の巣症候群というのでしょうか。あそこにいたらきっと、もっと息子ロスが募っていたと思う。新しい街では、なくなったものを追いかけるのではなく、今あるものでおもしろいものやことを考えるのが楽しい。住み替えてよかったなと」

笑いながら話しているのに、目に涙があふれる。

かつて、連載に応募した最大の動機はきっとこんな言葉に集約されている。

「あの台所を大好きなままお別れできた。去ったことで、人生のすばらしい宝物だったと気づけたことが、なにより嬉しいです」

台所の記憶は、育ち続ける。きっといつか、この台所もまた。

〔古書店店主・38歳（女性）。分譲戸建て・3DK・JR内房線・館山駅・千葉県館山市。入居1年・築年数25年。夫（自営業・38歳）とのふたり暮らし〕

家族の肖像

最初に取材したのは、彼女の祖母宅の台所だっだ。当時八一歳。江戸川区葛西の庭付き一軒家に夫（八三歳）と息子（五二歳）と住んでいた。

おばあちゃん子だという孫のチヒロさんからの推薦応募である。近所に住む祖母は、いなり寿司など人から頼まれるほど、料理上手のもてなし好き。赤飯、うな重、天ぷらに唐揚げ、なんでも手作りでおいしい。毎週のように土曜か日曜は祖母宅でご飯を食べる。近年はパーキンソン病を患い、不自由ながらも台所に立ち震える手で包丁を握り、重い鍋を持ち上げている。取材に祖母を推薦したい、と綴られていた。

応募メールはさまざまな人から届く。そのなかでも、行間からも祖母への愛があふれ出るような、ひときわ純度の高い文章だった。

早速訪ねたのが二〇一九年のこと。

以降五年、一一回にわたりふたりを追うことになろうとは、予想だにしなかった。『東京の台所』の後、『令和・かぞくの肖像』（OIL MAGAZINE by CLASKA）でチヒロさんと祖母を定期的に取材することになったのである。

後者の連載では、三、四カ月に一度、彼女と祖母を訪ねた。短いスパンながら、ふたりを囲む環境は、ゆくたびに大きく変化していて息をのんだ。

五年の間に祖母は、夫と息子をあいついで亡くし、高齢者の療養型施設へ。その間に、チヒロさんは「もっと自然ゆたかなところで暮らしたい」という夫の意向で、葛西から千葉に移住。歩くことや発話が困難になった祖母を放っておけず、いつでも見舞えるようにと今度は千葉の介護施設へひきとる。

その後祖母への取材は、感染リスクに配慮してやむなく休止に。気力をなくした祖母が施設の鴨居に紐をかけ、自ら命を絶とうとしたことは最後の取材で聞いた。

媒体の終了に伴い、連載が中途で終わった。

二〇二三年一〇月、病院で息を引き取った旨を彼女からのメールで知る。

初めて会ったときは、インタビューが終わるやいなや、「疲れたでしょう。さあどんどん食べて」と、ふかふかの小豆がたっぷり入った赤飯、醤油と味醂《みりん》がよく沁みた手作りのあられをちゃぶ台に並べてくださった。

「私の料理なんてデタラメで、なんでもないの。でも、病気をして、宅配のお弁当をたのんだら味気なくて味気なくて。思うように手足が動かなくても、自分で作ったほうがおいしいって思いましたね」と笑っていた。

帰りには昔の葛西の特産物だというひじきの煮物と海苔、鏡餅を干して揚げたあられをたくさん持たせてくれた。人が来たらもてなすのが常で、チヒロさんは、あるとき立ち寄った背広姿の男性に食事を出して親しげに語っているので誰かと思ったら、保険のセールスマンだったんですよ、と教えてくれた。傍らで祖母が声をあげて笑った。

いなり寿司を次々平らげる私を、にこにこと嬉しそうに見ていたあの方が、たった五年で。体力をなくし、台所に立つ気力をなくし、言葉を失い、旅立った歳月の短さをやりきれない思いで噛み締めた。チヒロさんの悼《いた》みの深さは、想像のしようもない。

ふたりは、祖母と孫という関係以上の、強く激しい特別な絆で結ばれていた。

はからずも継続取材をすることで見えてきたチヒロさんの心の変化、「亡くなった母や祖母が本当になりたかったのは、今の私じゃないかって時々思うんです」と語る千葉での生活と台所を記すため、館山に向かった。真っ青な空にもくもくと入道雲が終わらぬ夏を主張する、残暑厳しい八月一五日だった。

家族の肖像

祖母の向こうに亡くなった母をみる

「おばあちゃんの向こうに、亡くなった母を追いかけていたことに気づいた」とチヒロさんはかつて語っていた。

彼女は小学生のとき、母（祖母の次女）のうつ病が原因で両親が離婚。妹ふたりと父の元で育ち、大学生のときに母は暮らしていた祖母宅で命を絶った。

祖母が男手ひとつを案じ、毎朝自転車で孫の弁当を届けにきたのは高校時代のことだ。孫には会わず、そっと自転車のかごに弁当を入れる。部活で遅くに帰宅するチヒロさんは、空の弁当をかごに入れておく。祖母は翌朝、つくりたての弁当と空の箱を交換する。

「おばあちゃんのお弁当はとびきりおいしくて、毎日楽しみでした。冬の朝、震えながら遠くの角で私を見守っていることもあった。声はかけない。ひと目見て安心したかったんでしょうね」

話を聞きながら、彼女は弁当に一縷《いちる》の癒やしを感じたかもしれない、では実の子どもを失いながら孫のために毎日自転車を漕ぎ続けた人の心は、誰が癒やしたのだろうと胸が苦しくなった。

チヒロさんは大学卒業後も自転車で一〇分の実家に住み続けた。週に一度は祖母宅でお茶を飲みおしゃべり。行けない日が続くと、祖母から電話が来る。

少しずつ衰えていく祖母の身の回りの世話を、孫の彼女がまめまめしくするのには理由がある。祖母のひとり息子、つまりチヒロさんにとっての叔父は無職で、ほぼ引きこもりの生活をしていた。祖父が心筋梗塞で急逝してからはさらに、叔父に任せるのに大きな不安を抱いていた。

祖母は、病気が進むと毎日電話をかけてくるようになった。チヒロさんも祖母の体調が心配で放っておけず、とうとう企業の広報職を辞し、いつでも駆けつけられるよう葬儀屋のバイトに転職してしまう。

冒頭に記したように、祖母の向こうに母への追慕を自覚したのはこのころのことだ。

「私もまた祖母という存在に、依拠しすぎていたのかもしれません」と、内観していた。移住という夫の決断に最終的に同意したのには、祖母と心理的な距離を置きたいという思いも作用していたと振り返る。

館山では、自家用の野菜を作り、アルバイトをしながら籐《とう》編みを習い、釣りに熱中した。休日は古本のフリマに参加したり、どんどん増えていく友達を招いたり招かれたり。祖母の心配と仕事で、考える隙のなかった〝自分自身のやりたいこと〟に次々挑戦した。取材に行くと、当時住んでいたコーポの小さな台所で楽しそうに梅ジュースを作り、自家製の干し芋などでもてなされた。帰りには千葉名産の菜の花の束を編集者とカメラマンと三人分さし出す姿に、ああ、あのおばあちゃんの孫だよなあと微笑ましく思った。

「やりたいことが東京を離れて、見えてきた。東京にいたころは自分からなにかやる気になれなかったんですね」

三、四ヵ月に一度、千葉の家を訪ねては傾聴する取材が続く。彼女を取り巻く日々はしかし、さらに激しく変化した。

最期は私が決める

移住の翌夏、祖母を館山の介護施設に引き取った。叔父が交通事故をおこし、祖母はチヒロさんのそばの施設に行きたいと言い出したからだ。面倒を見ていたヘルパーからも「それが最善の選択では」と助言された。想定外の展開に、夫婦は話し合いを重ねる。

「面倒をみたい気持ちはわかるが、そこまで関わらなくてもいいのでは」「最期まで看《み》るという覚悟ができているのか」

冷静な夫の問いかけは、曖昧な思考や課題を明確にしてくれる。そして腹が座った。——祖母の最期は、私が決める。

同年秋、叔父が葛西の家で体調を崩し、孤独死する。

葬儀などすべてすませ、祖母の体調を見計らいながら、落ち着いた頃にひとり息子の死を

家族の肖像

伝えた。祖母が命を絶とうとしたのは、それからしばらくしてからのことで、息子と関連があるかはわからない。ときどき意識が朦朧とすることはあるものの、頷いたりアイコンタクトは取れる。食欲もある。だが発話ができず、手足も不自由なので、気持ちを知ることができなかった。

それから祖母は四つの季節を病院で過ごし、静かに他界した。

「最善を尽くしたつもりだけれど、最後は淋しい病院で人生を終わらせてしまった。私が千葉に呼ばなければ、こんなことになっていなかったのかもしれませんね」

チヒロさんは何度かそう語った。いつものように淡々とした口調で、儚《はかな》い笑みさえ浮かべ、遠くを見つめながら。

熟考に熟考を重ね、自分ができることをやりきったように私には見えていたが、後悔のない家族の喪失などないのだとあらためて知る。

祖母の光と影

新居は、白壁に広い芝生と菜園が付いた瀟洒《しょうしゃ》な平屋だった。夫は勤めていた男性用脱毛サロンから独立、自宅の一室に開業した。

「サロンのお客様が来るので、匂いの出る料理ができないんです。母が病気になった小学生のころからずっと料理をやってきて、作るのも食べるのも大好きなんですが、今、人生でいちばん市販のお惣菜を食べています」

広々とした明るい台所で煮炊きできないのが本当に残念そうだ。切らしたら困るものを尋ねると、冷蔵庫から缶ビール（チヒロさん用）とドクターペッパー（夫用）が出てきた。奥の押し入れからは韓国の辛ラーメンがひと箱。「ジャンクなのは苦手なのですが、なぜか昔からこれだけは大好きなんですよねえ」。

現在は古書店を経営している。じつは、移住してすぐ私設図書室を自宅に開いた。「東京を離れてやりたかったことが見えてきた」という夢のひとつだ。

当初のしくみは少々風変わりだった。

本は寄贈で。ただし生涯にひとり一冊しか寄贈できない。

「いろんな人から思い出の一冊を集めたいのです。亡くなった人の蔵書を身内の方が寄贈してもいい。人はみな亡くなります。それは本当に避けようのないことだと心底腑に落ちた。であれば、その人が生きている間に持っていた想いを保存できないかなと思ったのがきっかけです。本にはその人の性格が出る。本を、故人の墓石にしたい。そういう空間をつくって誰かひとりでも救われたという人がいてくれたら嬉しいなと思うのです」

縁あって、館山市に店舗を借りることができ、現在は古物商の免許も取得。地域の人から本を買い取ったり、市場で仕入れたりして、私設図書室から古書店「風六堂」に発展。シェア型書店のほか、ワークショップやお話会も主宰、地域の人が集まる小さなコミュニティの拠点になりつつある。

「売上なんてまだまだですが、やりたいことをやっている。祖母が亡くなって以来、妹たちから旅行に誘われるんだけど、書店も館山暮らしも楽しすぎて。毎日ここにいたい。……おばあちゃんを忘れたことは一日もありません。でも、母のことは考えないようになった。人生で、こんなに自分のことばかり考えるのは初めてです」

誰かのことを気にせず、自分のことだけを考えて暮らす日々を手に入れるのに三〇年余かった。

チヒロさんは、最初に取材したときから、言葉にしがたい人間的深さを感じさせる不思議な人だった。彼女と会う人はみなそう感じるだろう。

痛みも情《じょう》も、家族だからわかりあえ、家族だからこそわかりあえない機微があることも、幼い頃から本能的に知っている。彼女の穏やかな笑顔の根底には、達観と諦念が同居していると、五年を経てようやくわかった。

「祖母とはどんな人だったんだろうと今、よく考えます。娘（チヒロさんの母）を亡くし、ひとり息子も亡くし。明らかに機能不全家族だった。人からどう思われたいか、体裁を気にする人でした。そしてわかりやすく愛情が伝わる、ゆたかなものに価値を置いた。親切で、老いてからもいろんな人にものをあげていた。でも亡くなったあと、周囲の人に言われたん

家族の肖像

です。〝厚意でくださるんだけど、立派なものばかりでお返しできず心苦しかった〟って」

叔父が働いていないことも、長く親戚や周囲に隠していた。チヒロさんが自治体の相談窓口を助言しても、公になるのを恐れ、ひとりで抱え込んでいた。

永遠に近づけない距離ができて初めて、その人の光と影を俯瞰できることもある。同時に、二〇歳でチヒロさんを生み、仕事と育児も完璧をめざした母の苦しさや、専業主婦として誇りを持って料理に家事に打ち込みながらも、娘を天に見送る祖母の哀しみも、今なら理解できる。チヒロさんは、まっすぐまなざしをこちらに向けた。

「母も祖母も、生き方を知らなかったんだと思うんです。千葉での私みたいに自分のことを少々かまけても、人って暮らしていけるんだということを。だから……そう、おばあちゃんとお母さんが本当になりたかった人は、今の私かもしれませんね」

古書店には、さまざまな人が訪れる。

ふらりと来て、育児の悩みや転職の迷いなどをぽつぽつと語りだす人が少なくない。

「じゃあこんな本はどうでしょう」と勧めたり、傍らにいた別の客が「私はこんな勉強しているんですよ」と参考になるヒントを示してくれたり。「おもしろいもので人と人、人と本が絶妙のタイミングでつながりあっていく。本を売っているようで別のものを売っているような気もします」。

おせっかいで、人の話を聞くのが好きで、聞いたらつい口を出したくなるのは母、祖母譲りだ。振り返ると、母も祖母も、いつも周りに人がいた。

「私、ふたりが持っていたいいものを、ここで発揮できているようですね」

最近、週一回、障がい者のグループホームで夕食を作るバイトを引き受けている。

「人手不足で困っていたので安請け合いを反省していたのですが、炒めたり揚げたり、思いきり匂いを出せる。それがすごく楽しくて！　料理したかったんだな私って、気づきました」

あの祖母の血を引く彼女のこと、きっとその楽しさには、人に喜んで食べてもらえることもセットに違いない。

――ところで今日はお盆だけど、おばあちゃんの新盆はどんなふうに？

「やっていないんです。祖母は信心深い人でしたから、理想の孫をやっていた今までの私なら、飾りつけや供養をしていたでしょう。でもみんな死んじゃったから。しなくても、自分のなかでやればいい。毎日祖母のことを考えていますから。そう、八月の一五日にこうして祖母のことをお話ししている。これが私のお盆です」

位牌《いはい》はまだチヒロさんが持っている。押し入れの、大好きなあの辛ラーメンの隣に。

拠りどころと祈り――おわりに

台所取材に限らず、私の仕事のほとんどは一期一会《いちごいちえ》で終わる。稀に二度三度とあっても、巻末のチヒロさんのように、ひとりを三、四カ月に一度、定点観測のように五年間追いかけたのは初めてである。

ところが気負って始めた家族連載も中途で終わり、チヒロさんの移住先の台所は歴史も浅く、事情で料理もできないという。取材のゆくえに惑っていた私は、彼女がなにげなく放った言葉に大きく救われた。

――思いがけず最初の取材からこれほど長く自分と祖母の一部始終を見てくれる人に出逢い、今日、祖母についてこうして話している。新盆はやっていないけれど、これが私にとってのお盆です。――

祖母の台所で始まり、彼女の新しい台所で終わった長い物語に、やっと区切りが付いた気がした。

同時に、この果てしないライフワークにひとつの拠りどころができた。

記せば残る。なにかを失っても全力で愛した時間や、うまくたちゆかなくても精一杯考え、向き合った記憶が、言葉という記号によって人に伝わる。お相手を書ききれているかとか、この話の決着はとか、小手先のことを悩む必要などない。

これからも、台所から、今日を懸命に生きる人の尊さを地道に言葉に書き留めてゆけばいいのだ。傾聴し、心の揺れをそのままに記す、その行為がどこかのだれかの小さな支えやねぎらいになるかもしれないと信じ、粛々と続けていこう。

ふだんなら人に見せない台所に招き入れ、しまっていた想いを取り出し、胸襟を開いてお話しくださった取材協力者のすべての方に心から御礼を申し上げたい。ときにまだ塞がっていない傷口の絆創膏《ばんそうこう》を剥がすこともあったはずだ。

また『東京の台所』（毎日文庫）『男と女の台所』（平凡社）『それでも食べて生きてゆく東京の台所』（毎日新聞出版）の作品に続き四冊目をまとめることができるのは、長きにわたって大切に連載を育て、書く場所を与えてくださっている朝日新聞デジタルマガジン『&

w』の存在が大きい。さらに、家族の定点観測という恵まれた機会を与えてくださった媒体『OIL MAGAZINE』、企画を発案し二冊を並走してくださった平凡社、そして本企画に翼を与え、書籍という形に仕上げてくださった毎日新聞出版とあわせて、この場を借りて心より謝意を表したい。最近よく訊かれることだが、期せずして三つの版元の力をお借りしてこの企画は成り立っている。どこが欠けても今の自分はない。そして、どの版元とも齟齬は一切なく三社ともに『東京の台所』を愛してくださっていることを、感謝を込めてあえて記しておきたい。

さて、連載の撮影は二〇二〇年四月、持病を機に筆者から本城直季さんに交代した。現実の都市風景をジオラマのように俯瞰して撮る手法で知られる彼は、俯瞰どころかときに接写で、ひどく生々しくきりとる『東京の台所』について、かつてこう語った。

〈そもそもの撮影の根底には、東京という街への興味があります。（中略）想像できないくらいの人が住んでいる東京で、そのなかのひとつひとつのお家へ確かめにいくという思いが『東京の台所』の撮影にはあります。〉

（「東京の台所から紡ぐ物語～連載３００回記念・大平一枝×本城直季さん対談～」朝日新聞デジタルマガジン『&w』より）

塩の瓶や、古びた鍋や、冷凍野菜や、吊戸棚にしまわれたホットプレートは雄弁に、本城さんの言うひとつひとつの暮らし、住み手の物語を映し出す。とりこぼさぬよう、決めつけぬよう、歳月と経験に甘えず、まっさらな気持ちでこれからも台所から人生を描く旅を続けたい。

再び、ひとさまのメールの一文を、許可をいただき引用する。

最後の原稿を送ると、チヒロさんから返事がきた。

〈文章を読んで、あぁそうだ、私にはおばあちゃんちに行ってお赤飯を頬張っていた時間があった、たった一年前は会話のできないおばあちゃんを見舞いに病院に行く日々があったのだと思い出しました。それらすべてがなくなった今、すべては夢のようで、でもそれがなくても元気に暮らしている自分に、ちょっと呆れたりもします。

いろんなことが過ぎた後に、一冊の本ができる。

あの人もこの人も――いずれは私も――いなくなった後に、本が、言葉が残ったという奇跡に感謝しています。〉

本書をお読みくださったあなたにも、再び歩き出した人たちの物語から幸福な奇跡が、それでも生きていくことの尊さが伝わることを祈っている。

大平一枝

《初出》

・特攻隊の基地にて　『別冊暮しの手帖　台所と暮らし』（暮しの手帖社）

・祖父母の愛したオーブンで今日もケーキを　『別冊暮しの手帖　台所と暮らし』（暮しの手帖社）

・沖縄の台所①②　朝日新聞デジタルマガジン『&w』「沖縄の台所」

右記を除く本書は、朝日新聞デジタルマガジン『&w』連載「東京の台所」を大幅に加筆修正したものに、新たに取材した作品を加えて構成したものです。

大平一枝（おおだいら・かずえ）

一九六四年、長野県生まれ。編集プロダクションを経て一九九四年独立。市井の生活者を独自の目線で描くルポルタージュコラムおよびエッセイを執筆。二〇一三年、連載『東京の台所』（朝日新聞デジタルマガジン『&w』）開始。著書に『ジャンク・スタイル』『男と女の台所』『こんなふうに、暮らしと人を書いてきた』（以上、平凡社）、『東京の台所』『それでも食べて生きてゆく　東京の台所』（以上、毎日新聞出版）、『注文に時間がかかるカフェ』（ポプラ社）、『人生フルーツサンド』（大和書房）ほか多数。

ふたたび歩《ある》き出《だ》すとき　東京《とうきょう》の台所《だいどころ》

印刷　二〇二五年一月二五日
発行　二〇二五年二月　五　日

著　　者＝大平一枝《おおだいらかずえ》
発 行 人＝山本修司
発 行 所＝毎日新聞出版
〒一〇二・〇〇七四
東京都千代田区九段南一ノ六ノ一七　千代田会館五階
（営業本部）〇三・六二六五・六九四一
（図書編集部）〇三・六二六五・六七四五

装幀・組版＝佐々木暁
印刷・製本＝光邦

　ISBN 978-4-620-32823-2